어디에도 걸림 없네

서암 큰스님 법어집 2

정토출판

서암 큰스님 법어집 2

선사상의 진수 2
어디에도 걸림 없네

· 1판 1쇄 / 2003. 1. 20
· 1판 2쇄 / 2003. 4. 16

· **펴낸이** / 김정숙
· **펴낸곳** / 정토출판
· **등록번호** / 제 22-1008호
· **등록일자** / 1996. 5. 17
· **주소** / 서울특별시 서초구 서초 3동 1585-16(우)137-875
· **전화** / 02)587-8992
· **전송** / 02)587-8998
· **인터넷** / http://www.jungto.org/home/book
· **E-mail** / book@jungto.org

ⓒ 2003. 정토출판
값 20,000원
ISBN 89-85961-39-X 03220

1987년 해인사 제1차 전국 선화자 수련법회에서

해인사 선화자에서 성철·혜암·법전·일타 큰스님과 함께

1993년 봉암사 태고선원 하안거 결제

새해 인사

법상에서

1993년 종정 봉정식에서

어디에도 걸림 없네

책을 펴내며

깨우침, 서암 큰스님과의 인연

법륜 정토회 지도법사

깨우침의 인연

제가 큰스님을 처음 뵌 것은 81년도 LA의 한 작은 절에서입니다. 그 절은 가정집 1층 반 지하에 있었는데 제가 찾아 갔을 때는 마침 주지 스님은 안 계시고 노스님이 한 분 계셨습니다. 그때 노스님께서 저를 맞이하며 하시는 말씀이 "나도 객으로 왔지만 그래도 하루라도 먼저 온 내가 자네보다 주인이 된다."시며 손수 비빔밥을 만들어 저에게 주셨습니다.

저녁이 되어 잠자리를 준비하는데 침대는 불편하시다며 저에게 침대를 주시고 노스님은 바닥에 자리를 펴셨습니다. 그런 편안한 분이시라 이런저런 이야기를 하게 되었습니다.

저는 중학생때부터 청소년 불교운동을 하면서 불교가 좋으면서도 불교계의 부정적인 모습에 대해서 비판적인 시각을 갖고 있었습니다. 그런데 80년에 일어난 10.27법난에 대해서 불교계가 제대로 대응하지 못하는 것을 보면서 분노하고 있었습니다. 그러던 차에 편안하신 노스님을 뵙자 노스님이 마치 기존의 불교를 대표하는 듯, 그야말로 그동안 마음에 쌓였던 한국 불교의 부정적인 모습에 대해서 두어 시간 비판의 말을 했습니다. 그렇게 비판을 심하게 하고 나서 노스님께 어떻게 하면 이런 한국 불교를 정화할 수 있겠느냐 물었습니다.

묵묵히 듣고 계시던 노스님께서는 이렇게 조용히 답하셨어요.

"여보게, 어떤 한 사람이 논두렁 밑에 조용히 앉아서 그 마음을 스스로 청정히 하면 그 사람이 바로 중이요, 그곳이 바로 절이지. 그리고 그것이 불교라네."

두 시간 여에 걸친 긴 비판과 질문에 대한 대답은 이렇게 간단

했습니다.

그러나 그 말씀은 제게 큰 충격을 주었습니다. 그동안 저는 불교를 개혁하고 새로운 불교운동을 해야 한다며 나름대로 노력하고 있었습니다. 그런데 노스님의 그 말씀에 비로소 불법을 말하면서도 눈은 밖으로 향해 있는 자신의 모습을 보았던 것입니다.

'그래, 불교라는 것은 그 마음을 청정히 하는 것이지. 그 마음을 청정히 한 사람이 수행자요, 그 수행자가 있는 곳이 절이며 그런 것을 불교라 한다. 그러니까 기와집이 절이 아니고, 머리카락을 깎았다고 중이 아니다… 아, 내가 지난 10여 년 간 불교를 개혁한다고 했는데 이제 보니 불교 아닌 것을 불교라고 착각하고 개혁하려 했구나. 그러니 그것은 마치 허공의 헛꽃을 꺾으려 한 것이요, 꿈속의 도둑을 잡으려고 한 셈이라 답답할 수밖에 없었구나……'

노스님의 그 한 마디 말씀에 그런 근본 이치를 깨달을 수 있었습니다.

그것은 저의 삶과 운동에 있어 큰 전환점이 되었습니다. 한마디로 잘못되었다고 비판하고 싸우는 데 에너지를 쏟기보다는 부처님의 근본 가르침을 먼저 실천하고 문제점에 대해서는 불교적인 대안을 제시하는 방향으로 전환하는 계기가 되었던 것입니다.

소탈한 성품

그분이 바로 당시 봉암사의 조실 스님이셨던 서암 큰스님이셨습니다. 그러나 당시는 그분이 어떤 분인지도 모르는 채 가르침에 대한 감동과 고마움만 안고 한국으로 돌아 왔습니다. 그러다 그 이듬해 분황사에서 청소년 수련을 할 때 분황사를 방문한 큰스님을 뵙고 그분이 서암 큰스님임을 알게 되었습니다.

그리고 몇 년 지난 뒤 서울에 20평짜리 사무실을 빌려 중앙불교교육원과 비원포교원이라는 작은 법당을 내면서 큰스님께 전화를 드려 3일간 법회를 부탁드렸는데 큰스님께서는 단지 "미국에서 만난 아무개입니다."라는 설명만으로 아주 흔쾌하게 응락해 주셨습니다. 그래서 "제가 모시러 갈까요?"하고 여쭤 보니 "뭘 바쁘고 젊은 자네가 내려 오나. 한가하고 늙은 내가 알아서 올라 가지." 하셨어요.

그리고 큰스님께서는 시외버스를 타시고 마장동에 오셔서, 다시 시내버스 타시고 대각사에 들러 점심을 드시고 법회 시간에 맞춰 오셨습니다. 큰스님께서는 약속 시간에 늦으신 적이 없으셨습니다. 최소한 30분 전, 보통 1시간 전에 오셨지요. 그렇게 큰스님께서는 서울의 어느 절에서 주무시면서 저희 법당을 오가시며 3일간 아침 저녁으로 법회를 해주셨지요. 대중이라야 고작 스무 명 남짓이 모인 좁디 좁은 단칸 사무실이었음에도 큰스님께서는 저희 젊은 불자들을 위해 법문을 해주셨습니다.

그렇게 하시고 봉암사에 가셔서 한 달간 몸살을 앓으셨다고 합니다. 다시 법회에 모시려고 봉암사에 전화했을 때 시봉 스님으로부터 들어서 알았지요. 그러니 비록 큰스님께서 법회 요청을 허락하셨지만 시봉 스님께는 단단히 야단을 들을 수밖에 없었지요. 그래서 그 다음 법회에는 시봉 스님이 따라 올라 오셨어요.

큰스님은 그렇게 소탈하셨습니다.

또 한번은 법회 후 질문 시간을 갖는데 한 사람이 계속 초점이 어긋나고 제 자리를 맴도는 질문을 하여 모두들 답답하게 생각하며 듣고 있었어요. 그것을 큰스님 곁에서 한참을 듣던 시봉 스님께서도 안되겠다 싶으셨는지 큰스님께 "아, 스님 못 알아듣는데 그만하시지요."라고 하셨어요. 그때 큰스님은 대수롭지 않은듯 "아, 못 알아들으니 내가 여기까지 왔지 알아듣는 사람만 있으면 내가 무슨 말이 필요해."하시며 계속해서 자상하게 답을 일러주셨지요. 저희는 한편으로는 죄송스럽고 한편으로는 포교를 어떻게 해야 하는가에 대한 깨우침을 얻기도 했습니다.

검소한 생활

큰스님께서는 서울에 오실 때나 어디 지방가시고 할 때 언제나 통일호나 버스를 타고 다니셨어요. 어쩌다 새마을호 표를 끊어 드리려 하면 마다하시며 꼭 통일호를 타고 가시겠다고 하셨습니다. 민망한 마음에 이유를 여쭈어 보니, 첫째는 통일호를 타는 노인(65세 이상)에게는 승차비를 할인해 준다. 둘째는 통일호의 의자는 딱딱하기 때문에 참선하기에 아주 좋다며 아주 단호하신 것이었어요.

나이가 드시고 많은 사람들의 존경을 받는 위치에 계시면서도 검소하게 생활하시는 것이 마치 갓 출가하실 때처럼 그대로 살고 계십니다. 우리는 지금도 그렇게 잘 못사는데 말입니다.

봉암사 대중들 이야기로는 옛날에는 가은에서 봉암사까지 30리를 걸어다녔다고 합니다. 그래서 어쩌다 선방 수좌들이 시내에서 택시 타고 들어 오다가 큰스님께서 앞에 가시면 지나칠 수도 없고 해서 어쩔 수 없이 내려서 걸어 가고 그랬다 합니다.

또 대중이든 신도든 콜라나 사이다를 마시는 것을 보면 "왜 맑은 물 놔두고 썩은 물을 마시나?" 하셨고, "공부하는 사람은 차 달여 마시는 것도 엉뚱한 짓"이라고 질책하셨다고 합니다.

쓸데없는 일에 욕심 안 부리고 공부에만 전념한다면 저절로 수행이 된다는 것을 큰스님께서는 생활속에서 깨우쳐 주셨습니다.

언제나 배려하는 마음

제가 중앙불교교육원과 비원포교원을 개원했을 때는 자리도 좁고 돈도 없어서 불상도 못 모시고 관세음 보살님 액자 하나를 탱화 대신해서 모시고 있었습니다. 어른 스님을 모시면서 법당 하나 제대로 갖추지 못한 것이 좀 송구해서 큰스님께 "아직 불상을 모시지 못했습니다."라고 말씀드렸더니 그때 큰스님께서는 "생불이 앉을 자리도 없는데 불상이 앉을 자리가 어디 있겠느냐." 며 조금도 개의치 않고 법회를 행하셨습니다. 그러다가 홍제동으로 옮겨 정토포교원을 열었을 때 불상을 모시겠다고 말씀드렸더니 이번에는 큰스님께서 알고 계신 불상 만드는 곳을 직접 찾아가셔서 주머니 속에 꼬깃꼬깃 넣어두셨던 쌈지돈을 꺼내어 제작자에게 주시면서 "이 젊은이들은 돈이 없으니 이 돈만 받고 해주게." 하시면서, 불상은 허리가 좀 길어야 기상이 있어 보인다고 허리를 좀더 키우라고 자상하게 지시해 주셨습니다. 그러니까 저희가 처음 모신 부처님은 바로 그렇게 큰스님께서 해주신 것이었습니다.

89년도 하안거 기간에 제가 봉암사에 가서 부목을 한 철 살겠다고 말씀드렸더니 처음에는 할 일도 많은데 올 필요 없다고 하셨지만 받아주셨습니다.

미래 사회에 대한 새로운 모색을 하려면 하던 일을 모두 멈추고 아무도 모르는 곳에서 자신을 돌아 보는 것이 필요하다는 생각에서 그런 시간을 마련하려고 한 것이라 다른 대중들 모르게 지낼 수 있도록 해달라고 부탁드렸습니다. 그래서 큰스님께서도 모른 척 해주셨지요.

그런데 제가 그때 그 부목 일을 참 죽기살기로 했어요. 하던 일조차 잠시 놓고 멀리 떠나서 근본을 돌아 보는 생활을 하려고 그곳에 갔는데 또 그렇게 일하는 것에 빠졌던 것이지요.

하루는 땀을 콩죽같이 흘리며 장작패기를 하고 있는데, 큰스님께서 가까이 오셔서 지나가듯 이렇게 말씀하셨어요.

"최법사, 자네 없어도 이제까지 봉암사 잘 있었네."

일에만 집착하는 저를 그렇게 은근히 깨우쳐 주셨습니다.

그때 제가 거지와 함께 부목을 살았는데 그는 나를 보고 "너는 중도 아닌데 뭣땜에 3시에 일어나 새벽 예불하고 저녁 예불도 하면서 중처럼 지내느냐?" 하면서 놀리곤 했지요. 그러다가 어느 날 제가 아파서 몸져 눕게 되었어요. 그런데 하루는 제가 약방에 간 사이에 큰스님께서 아무도 몰래 오셔서 꿀을 놓고 가셨다는 것이었어요. 그 말을 전해 준 다음날로 그 거지는 떠나 버렸어요. 내가 부목이 아닌 줄 알았던 것이지요.

큰스님께서는 무관심하신 것 같으면서도 그렇게 늘 배려하는 마음이 크셨습니다.

돌이켜 보면 그 일뿐만 아니라 저는 이제까지 큰스님의 배려를 참 많이 받았던 것같습니다.

언제나 법도에 맞게

문경 정토수련원을 개원할 당시의 일입니다. 아직 길도 안 닦인 그곳에서 법문을 청했을 때 큰스님께서는 흔쾌히 응하시고 땀을 흘리시며 걸어 오셨지요. 건물도 없어서 감나무 그늘 밑에 놓인 돌 위에 앉으셔서 법문을 하시고 저희도 하나씩 돌을 깔고 앉거나 땅바닥에 앉아 법문을 듣는 그야말로 야단법석이 펼쳐졌었지요. 그때 법문을 마치신 스님께서는 저희들 젊은 사람들을 기특해 하시면서 그 돌밭을 돌아 보며 "앞으로 여기에 큰 건물이 착 들어설 것이야."라고 하셨는데 당시는 그곳의 불사에 대해서 생각 못했는데 지금 저희들의 계획을 미리 보신 듯합니다.

큰스님께서는 출가, 재가를 막론하고 누구나 수행하는 대승불교운동의 정신이 잘 살려지길 바라셨지요. 그래서 제가 91년도에 머리를 깎고 출가를 했을 때 탄식하시면서, "아니! 최법사가 죽었구먼, 죽었어." 하시면서 섭섭해 하셨어요. "이 세상에 중은 흔해도 최법사는 귀하다."는 말씀을 하시면서 아쉬워 하셨지요.

종정되실 때도 큰스님께서는 안하려 하셨습니다. 그러다 원로회의에서 그렇게 결정하고 간곡한 요청이 있자 "내가 조계종 중으로 종단에 빚이 많으니 밥값은 해야겠구나." 싶어 응하시기는 하면서 사태가 정리되면 곧 그만둔다고 하셨습니다.

나중에 종단사태가 발생했을 때 많은 스님들이 개혁한다며 힘으로 밀어부치자, "세력으로 밀어부치는 것은 불법이 아니라 다 폭력이야."라고 말씀하시면서 세속 법이 아니라 불법에 따라 순리로 풀기를 권하셨습니다.

결국 종정직을 사퇴하신 큰스님께서는 종단에 폐를 끼치지 않겠다며 처음 출가하실 때처럼 다시 바랑 하나 짊어지고 노구를 이끄시고 한 곳에 머무시지 않고 이곳 저곳을 전전하셨습니다.

그러다가 봉화에 작은 토굴을 짓고 잠시 정착을 하셨을 때도 손수 식사 끼니를 지어드시고 계셨습니다. 몸이 영 불편해진 지금은 다시 봉암사로 들어가 계시지만 그 전까지만 해도 큰스님께서는 제자들이 시봉하겠다고 찾아 오면 바랑을 문 밖으로 내던지시면서 "공부하려고 중 되었지, 남의 종노릇 하려고 중 되었나!" 면서 야단을 쳐서 돌려보내시곤 하셨습니다.

한번은 그곳을 지나다 들르게 되었는데 그때가 한 겨울이었거든요. 그런데 방이 아주 냉골이라 참으로 황망한 마음에 "방이 왜 이리 춥습니까?" 하고 여쭤 보니 "보일러가 많이 쓴다고 자꾸 데

모를 해." 하시는 것이었어요. 그래서 상황을 알아 보니 보일러가 고장이 났지만 혼자 계시다 보니 손을 쓸 수가 없었던 것이었습니다. 그래도 몸을 움직일 수 있으면 됐다고 하시면서 시봉 스님을 받지 않으시려 했지요.

즐거운 가운데 깨우침을 주는 살아있는 법문

큰스님께서는 그렇게 소탈하고 검소하게 그리고 언제나 법도에 맞게 살아 오신 분입니다.

그렇다고 고리타분한 것과는 거리가 멉니다. 큰스님께서는 번뜩이는 유머감각으로 언제나 대중들을 즐겁게 해주셨고 그 즐거운 가운데 깨우침을 주시는 참으로 살아있는 법문을 하시곤 하셨지요.

일반 법문도 감동적이지만 특히 대담에 뛰어 나셨습니다. 한번은 방송용 대담을 하는데 한 질문당 3분 이내로 해주시면 좋겠다는 진행자의 말에 "그러마" 하시더니 정말 시간을 재듯 정확하게,

그러면서도 핵심을 밝혀주시는 말씀에 옆에서 지켜본 방송 진행자도 감탄하였습니다.

다리가 아프시면 "몸뚱이도 80년 부려먹었더니 이제 다리가 데모를 해." 그러시며 웃으셨고, 어느날 파리가 밥에 앉는 것을 보고는 "아, 참 그놈 발도 안 씻고 남의 밥상에 앉는다."고 하시는 등 일상 생활 중에도 큰스님의 유머와 번뜩이는 지혜는 우리를 늘 깨우쳐 주셨습니다.

또 젊었을 때 수행하시면서 경험하신 이야기도 그렇습니다. 한번은 거지들이 자기들은 하루종일 구걸해도 많이 못 얻는데 스님께서 탁발하면 많이 얻으니까 큰스님 뒤를 따라다니면서 동냥을 얻었다고 합니다. 그렇게 하루종일 함께 다니고 저녁무렵 마을어귀에 도달했을 때입니다. 큰스님께서 갑자기 뒤돌아서서 그 거지들을 향해 요령 흔들고 염불을 하신 것입니다. 그러자 처음에는 당황하던 거지들이 얼굴이 환해지면서 큰스님 바랑에 그날 얻은 것을 다 넣어주면서 그렇게 좋아하더라 하셨습니다. 주는 것이 기쁨임을 알게 해주신 것이지요. 참으로 가섭 존자이야기가 실감

나는 살아있는 법문이었지요.

출가의 인연과 생사를 넘는 정진

큰스님께서는 1917년에 경상북도 안동 풍기읍 금계동에서 출생하셨습니다. 일찍이 아버님께서 독립운동에 참여하신 관계로 안동형무소에 투옥되시자 집안은 파산의 운명을 겪게 되었습니다. 이후 어머니를 따라 방랑하시던 길에 예천 땅에 이르게 되셨는데 그곳에서 민족의식에 눈을 뜬 분들이 설립한 조그마한 사립학교에서 처음으로 신학문을 배우게 되셨습니다.

어려운 환경에서 신학문을 배우면서도 당시 여러 선생님들을 찾아다니며 특히 목사님들이나 그외 많은 분들에게ㅡ본인이 갖고 있는 인생의 의문점을 여러 가지로 질문했지만, 흔쾌한 답을 얻지 못하고 늘 답답해 하셨습니다. 그러던 중 어느 날 친구와 같이 서악사의 화산 노스님을 만나뵙는 인연을 가지게 되셨습니다.

"지금까지 네가 보고 들은 것 빼놓고 네 소리를 내놓아 보라."
 "네가 이 세상에 나올 때 바람이 불더냐? 아니면 하늘이 청명하더냐?"

 그 노스님의 몇 마디 말씀에 이제까지 당신께서 알고 있던 모든 지식이 무용지물이 되고 한마디도 대답할 수 없는 막막한 경지에 처하게 되는 전혀 색다른 경험을 하시게 되었답니다. 그 자리에서 출가하여 스님이 되기를 원했지만 노스님께서는 받아주시지 않으시고 정 원한다면 절에서 머슴을 3년 살라고 했다고 합니다. 그렇게 그곳 서악사 화산 노스님 밑에서 머슴과 같은 행자생활을 3년이나 하시고 난 이후, 1935년 김룡사에서 화산 스님을 은사로, 낙순 스님을 계사로 사미계를 받으셨습니다. 그리고 1937년에는 금오 스님을 계사로 비구계와 보살계를 수지, 대덕법계를 품수하시고 서암西庵이라는 법호를 받으셨습니다.

 김룡사 강원을 졸업하신 후 종단의 추천을 받아 종비생으로 일본에 유학을 하시게 되었습니다. 일본대학 종교과에 입학하셔서 고학을 하시면서 학교에 다니시던 중, 병환을 얻으셨는데 병원에서는 폐결핵 말기라 더 이상 치료할 수 없다는 사형선고를 받으셨습니다. 그러나 출가한 지 6년이나 되는 승려로서 병에 져서야 되겠는가 하여 정진으로 생사를 뛰어넘을 각오로 귀국하신 큰스님께서는 결사용맹정진을 하시던 중 그 죽음의 병마를 뛰어넘으시고 생사의 문을 박차고 나가셨던 것입니다.

계속되는 정진과 후학 양성

일제 징용이 한창일 때는 철원 심원사에서 후학을 지도하는 강사를 잠시 역임하신 적도 있고 대승사에서는 청안 스님, 청담 스님, 포산 스님, 우봉 스님, 성철 스님과 함께 정진을 하셨고, 광복 이후 우리 사회가 매우 혼란스러울 때 당대 선지식이신 금오 스님을 모시고 도반들과 더불어 지리산 칠불암에서 마지막 한 명이 남을 때까지 잠을 자지 않고 용맹정진하는 결사를 하셨는데 마지막으로 남은 세 명 가운데 한 분이 되기도 하셨습니다.

큰스님께서는 해인사, 망월사, 김룡사 금선대 등에서 정진을 계속하셨습니다. 1952년 이후로는 특히 청화산 원적사에서 다년간 정진하셨으며, 1979년 봉암사 조실로 추대되신 후로 20여 년간 수많은 수행납자들을 지도해 오셨습니다.

그로 인하여 오늘날 봉암사가 종단의 최고 선원이 되도록 하셨으며 또한 구산선문 중의 하나인 봉암사가 그 옛날의 자랑스런 면모를 갖추는 대작불사를 하시기도 했습니다.

이렇게 산중에서 정진과 후학 양성에 몰두하시는 한편 우리 종단이 어려움에 처할 때마다 원로스님들의 요청에 응하셔서 잠시나마 총무원장을 맡기도 하셨고, 또 원로회의 여러 스님들의 추천으로 원로회의 의장을 맡으셨는가 하면, 또 원로회의의 추대로 종정의 지위에 오르시기도 했습니다.

1994년 종정직과 봉암사 조실을 사임하시고 운수 행각을 하시던 큰스님께서는 2001년 봉암사 대중들의 간청에 의해 봉암사 염화실로 돌아와 한거閑居중이십니다.

한국 최고의 선승이시자 원로스님이시지만 세수로 80세가 넘으시도록 몸이 허락하는 한 언제나 대중교통 수단을 이용하시고 시봉 또한 두지 않으신 채 참으로 검소하고 소박하게 살아 가시는 큰스님의 모습에서 우리는 과연 수행자의 삶이 어떠해야 하는가 그 근본을 볼 수 있습니다.

깨달음의 향기를 담고자

불교를 전혀 모르는 대중들이라도 큰스님의 말씀은 아주 쉽고 친근하게 불법의 핵심에 다가가게 해줍니다. 옛 성인의 말씀을 인용하시는 경우도 아주 쉽고 그야말로 옛사람의 정취를 느끼게 해주십니다. 문자로는 그런 큰스님의 독특한 향기를 다 전할 수 없습니다. 그러나 큰스님의 그 가르침을 그냥 덮어두기에는 너무나 아쉬워서 부족한 대로 법문을 모아 정리해 보았습니다.

1988년부터 15년간 빠짐없이 실렸던 월간 정토에서 대표적인 말씀을 골라 나름대로 분류하여 정리해서 일반 법문과 대담집, 각각 1권씩 총 2권으로 엮어 보았습니다. 물론 큰스님께서는 선방의 결제나 해제 법문도 많이 하셨지만 그것은 다음에 따로 정리하기로 하고 여기에는 주로 일반 신도들에게 하신 법문을 모아 보았습니다. 특히 1996년 이후에는 대담 법문 자료가 많은데 대부분 정토가족이나 일반 대중을 대상으로 한 것이라 대담자에 관계없이 전부 취합하여 내용별로 구분해 보았습니다.

큰스님께서는 언제나 이 공부에는 어떤 단계가 고정되어 있지 않다고 하십니다. 그러니 보는 이는 순서에 개의치 않고 보셔도 좋습니다.

큰스님의 말씀은 그냥 듣고만 있어도 마음이 평안해집니다. 마음이 답답할 때 언제나 다시 꺼내 읽어 보시면 깨달음의 빛을 볼 수 있으리라 생각합니다.

그 빛이 여러분에게도 저의 경우처럼 인생에 있어 커다란 획을 긋는 소중한 계기가 될 수 있기를 기원합니다.

불기 2546년 12월

백화산 정토수련원에서 법륜 합장

12· 책을 펴내며

마음다스리는 법

36· 욕심 갖고 성불하는 것 아니다
52· 안 되는 과정이 되는 과정
66·· 공부하는 데 방해되는 것은 모두 마구니
81· 절제하면 힘이 생긴다
88· 생사를 초월해야 역행이지
95· 처음 낸 마음이 중요하다
102· 불교가 어렵다는 생각이 병
113· 한 번 실수로 다 무너지는 것은 아니다
124· 미지근한 것은 참회가 아니다

참선 수행의 길잡이

134· 대상과 하나되는 자기 집중력
139· 거문고 줄을 고르듯이
148· 일념으로 흘러 가는 것이 삼매
153· 밖으로 구하면 다섯된 것
158· 흔들림 없이 사는 법
161· 말도 생각도 끊어진 자리
168· 편안하고 괴로운 것을 떠나
175· 알면 화두가 아니다

깨달음의 세계

- 184 · 꿈 깬 뒤의 이야기
- 198 · 깨달음과 닦음
- 206 · 마음은 모양이 없기에
- 215 · 검은 것이 오면 검게, 흰 것이 오면 희게
- 221 · 하나가 통하면 다 통하는 도리
- 227 · 스승이 도처에 있거늘
- 239 · 나는 내 부처이고 너는 네 부처이다

세상 속으로

- 250 · 일체의 행동, 그 자체가 바로 공부
- 260 · 허물을 뉘우치고 고쳐 가는 것이 불교
- 265 · 서로 살리고 크게 이익되게
- 274 · 세상을 가장 열심히 사는 길
- 289 · 모두 다 성불해야 끝나는 일
- 300 · 불교가 성해도 믿지 않으면 소용없네
- 310 · 발우 하나 가사 한 벌, 우리 재산은 그것이야
- 315 · 처음도 끝도, 목적도 수단도 부처님 가르침으로

마음다스리는 법

욕심 갖고 성불하는 것이 아니다

마음을 비우고 모든 사람들을 사랑해야 하는데도 우리 중생들은 모든 사람을 무조건 사랑하기 참 어렵습니다.

부처님이나 보살님은 무조건적인 사랑을 합니다. 본래 마음자리에서 보면 모든 중생과 자신이 차별없는 세계에서 함께 호흡하며 살고 있음을 알기 때문에 그러한 사랑이 가능한 것입니다. 하지만 우리 중생들은 항상 나와 남을 나누어 자기 위주로 생각하고 행동하기 때문에 자기에게 이익이 된다 싶을 때는 상대를 받아 들이고 자기에게 기분 나쁘게 대하고 이익이 되지 않는다 싶으면 상대를 배척하는 삶을 살고 있습니다.

중생이 모든 사람을 사랑할 수 없는 이유가 여기에 있으며 바로 그러한 까닭으로 항상 고통이 따르게 됩니다. 사랑할 수 없다는 건 곧 밉다는 말인데, 미워하는 사람이 있으니까 항상 투쟁이 생기고 결함이 생기고 갈등이 생기고 온갖 고통이 따르는 것이지요. 눈을 뜨고 우주 전체가 자기 몸 하나임을 보게 되면 미워하고 투쟁할 상대가 저절로 끊어집니다.

그래서 불교에서는 늘 '무조건 사랑하라.' 라고 하지요. 어떠한 대가도 바라지 말고 사랑하며 자비를 베풀라 했지, 사랑하는 만큼 꼭 그 대가를 받아야 하고 사랑해 주고 도와주는 것만큼 그러한 값을 받으라고 하지 않았습니다. 받으려는 그 생각 때문에 항상 이리저리 나뉘고 원수를 만들고 모든 고통의 씨앗이 되는 것입니다.

부처님은 사랑하는 사람도 미워하는 사람도 갖지 마라고 하셨는데 그렇다면 어떤 사람을 가져야 할까요?

사랑도 여러 가지가 있겠지요. 여기서 말하는 사랑이란 조건부 사랑을 뜻합니다. 부처님이나 보살의 사랑처럼 차별도 없고 한계도 없는, 어떠한 대가를 바라지 않는 절대적인 사랑이 아닌, 중생들의 이해 관계에 얽힌 그런 사랑을 경계한 것이지요. 그런 사랑은 결국에는 고통을 가져 오는 것이기 때문입니다. 고통에 빠질 사랑이라면 하지 않는 것이 좋습니다. 또 미워하는 사람을 갖게 되면 어떻습니까? 항상 그 미워하는 마음이 내 마음을 흐리게 합니다. 그러니 미워하는 사람도 갖지 마라 하신 것입니다.

그렇다고 사람을 가려서 사귀라는 뜻은 아닙니다. 사랑의 극치에 달한 마음도 쉬고 미워하는 마음도 쉰 그런 마음으로 사람을 평등하게 대하라는 뜻입니다. 사랑하는 사람만 가까이 하고 미워하는 사람은 뿌리치라는 말은 아니지요. 다시 말해서, 사랑하는 사람도 미워하는 사람도 갖지 마라는 뜻은 사랑에 치중하고 미움에 치중하는 차별심을 떠나서 모든 사람을 평등하게 대하여야 한다는 뜻이라 하겠습니다.

사랑이나 미움, 또 아름다움이나 추함에 대해 분별하는 마음은 왜 생길까요?

사랑, 미움, 아름다움, 추함 따위의 분별하는 마음이 일어 나는 것, 이것이 모두 중생의 살림살이요. 이 마음을 따라가다 보면 모든 고통과 갈등이 일어 납니다. 그러나 그 온갖 마음이 생기는 자리는 하나입니다. 사랑하고 미워함이 일어 나는 마음이 따로 있고, 아름다움과 추함이 일어 나는 마음이 따로 있는 게 아닙니다. 우리가 한 생각 일으키는 데 따라서 마음이 갈라질 뿐이지요. 그런 것을 모르고 그 갈라진 마음만 따라 가기 때문에 우리 중생들은 항상 불안하고 평화가 끊어지는 것입니다.

불보살은 사랑하는 마음이나 아름다운 마음, 추한 마음, 더러운 마음이 일어 나는 그 근본 마음을 보고 있기 때문에 항상 지엽에 흐르지 않고 원만한 마음을 씁니다. 사실 중생살이의 실상을 알고 보면 사랑스러운 사람이나 추하고 미운 사람이나 다 불행합니다.

이 세상에서 육체를 가지고 사는 사람치고 불행하지 않은 사람은 없습니다. 순간 순간의 행동을 보고 그 사람이 좋다 싫다 판단하지만, 깊이 생각해 보면 모든 사람이 다 똑같이 생로병사와 희로애락 속에서 걷잡을 수 없는 불안에 허덕이고 있거든요. 그렇기 때문에 눈을 뜨고 보면 흉하고 밉고 좋지 못한 인간일수록 오히려 더 동정이 갑니다. 불보살이 차별심에 빠지지 않는 까닭이 여기에 있습니다.

사람들은 누구나 늙어 갑니다. 그런데 그 당연한 것을 누구나 싫어하거든요. 어떻게 좀더 많이 젊음을 누리는 방법은 없을까요?

그것 참, 나도 평생 젊었으면 좋기는 하겠습니다만, 그러나 우리가 조금만 생각해 보면 젊고 늙는 것이 상관없는 도리를 알 수 있습니다. 그래서 불생불멸하고 생사를 초월한다는 말이 나오는 것입니다.

우리 나이란 사실 모두 동갑입니다. 늙은 사람이 새로 태어나면 새옷 입고 어린아이가 되고 또 어린아이가 옷이 점점 낡아지면 나중에 늙어지고……. 나이가 많고 적음이 없는 것이지요. 모두들 고깃덩어리 이 껍데기 옷 가지고 젊었다, 늙었다 말하지만 조금만 마음을 돌이켜 보면 그 자리는 늙고 병드는 그런 자리가 아닙니다. 도무지 때가 낄 수도 없고 늙을 수도 없고 죽을 수도 없는 그런 자리지요. 그러나 이 육체는 아무리 가꾸고 그놈을 위한다 하더라도 백 년 안쪽에 깨진 독에 물붓기로 결국 넘어집니다. 그런 것을 기준으로 매달린다는 것은 안 될 일을 자꾸 하려는 것이니 불행한 일이지요.

늙고 병들고 하는 그 마음 뿌리를 캐내야 합니다. 마음에 무슨 늙고 병드는 것이 있겠습니까? 돌이켜 보면 자기가 착각으로 일으키는 마음이지 그 자리는 늙고 병드는 것이 본시 없습니다.

누구든지 각자가 다 그 자리를 갖고 있는데 공연히 바깥으로 허우적거리고, 뭐 허깨비를 잡을 양으로 헤매니 스스로 불행에 빠지는 것이지요.

사람들이 괴로워하는 가장 큰 원인은 자기가 바라던 일을 성취하지 못하거나, 갖고자 하는 것을 소유하지 못했을 때인 것 같습니다.

참으로 지혜 있는 사람은 욕심을 부리지 않는 법입니다. 욕심 부릴 때는 고통이 오기 때문입니다. 지혜가 있는 사람은 절대로 욕심부리지 않습니다. 내가 생명을 받아 놓은 이상 이 생명을 구사해서 잘 살아야겠다는 것부터 생각합니다. 이렇게 되면 욕심부리기는커녕 오히려 자기가 가지고 있던 물건도 남에게 베풀게 되지요. 가령 길가에 금덩어리가 버려져 있더라도 줍지 않아요. 내가 땀 흘려 노력하지 않은 것은 나한테 도움이 되지 않는다는 것을 알거든요. 그러니 하물며 남의 물건을 훔치고 남의 것을 얻으려는 욕심은 있을 수 없지요.

그래서 수행이 된 사람은 욕심부리지 않습니다. 오히려 자기에게 있는 재물을 남한테 주기 좋아합니다. 이것이 불교의 보시행이지요. 내가 좋아하는 것을 남한테 주고 그 사람이 좋아하는 모습을 보며 내 마음이 편안해지는 베푸는 기쁨을 누리게 되는 겁니다. 그러한 눈에 보이지 않는 정신 세계에 만족해야지, 자기에게 닿지 않는 물건을 끌어모아 놓고 좋아하는 것은 어리석은 일입니다.

내가 더 많이 가진다는 것은 어디 그 물건이 땅에서 솟아 나고 하늘에서 떨어진 게 아니지요. 결국은 누구한테 있어야 하는 것을 빼앗아 온다 이 소리거든요. 서로 빼앗아 가려고 하니까 인간 사회가 살벌해지고 온갖 고통이 생기고 번뇌망상이 일어 나고 시끄러워집니다. 서로 베풀다 보면 나쁜 인간 관계는 없어집니다.

내가 지혜롭게 땀 흘려 일할 때 건강에도 좋고, 또 남에게 도움을 주었을 때 내 마음이 흐뭇하고 기뻐지는 것입니다. 이렇게 살 때 행복의 세계가 열리고 천지신명이 보호하고 재앙이 없어지지요.

그런데 서로 자기 것으로 만들려고 아귀다툼을 벌이니 인간 사회에 폭풍우가 일어 나고, 태풍이 일어 나고, 전쟁이 생기고, 불행해집니다. 자꾸 욕심부려 행복해지는 이치가 있다면 부처님이 품을 사서라도 욕심부리라고 할 것입니다.

가난하여 남 밥 먹을 때 죽을 먹으면서도 남 주기를 좋아하는 사람은 절대 굶어 죽지 않아요. 훔치는 사람이 남한테 맞아 죽지, 보시하는 사람은 굶어 죽지 않아요. 그러니까 부처님은 이 밝은 이치 속에서 살라고 가르치신 것입니다. 무슨 심통으로 남 가지고 싶은 것을 못 가지게 한 것은 아닙니다.

욕심부린다고 한 끼에 밥을 스무 그릇 먹는 것도 아니고, 양복을 열 벌, 스무 벌씩 포개 입는 것도 아니고, 또 구두를 열 켤레,

스무 켤레 포개 신는 것도 아닙니다. 그러니 천 석을 모으면 뭐 하겠습니까?

입이 있으면 먹을 게 있고, 몸이 있으면 걸칠 게 있습니다. 그런 것을 공연히 욕심부리고 자기 인생을 자기가 망치느냐 이겁니다. 그건 누가 망하게 한 것이 아닙니다. 자기가 스스로 망하는 겁니다. 욕심부려 자기만 잘살 수 있다면 부처님이 그렇게 하라 하셨겠지요. 그러나 안 되는 일이지요. 욕심부리면 도리어 자신의 길이 막히니까 욕심부리지 마라 그겁니다.

저 같은 어설픈 불심을 가진 사람은 마음이 산란해서『금강경』등 경전을 읽다 보면 한편으로는 '모든 것이 부질없다는데 이런 것 다 뭐 하나.'라는 생각에 오히려 의욕이 떨어질 때가 있습니다. 제가 경전을 잘못 읽은 탓이겠지만 진취적이기보다는 소극적으로 될 소지가 있다고 봅니다. 그런 생각이 들면 어떻게 하면 좋겠습니까?

우리가 욕심부려서 많은 것을 갖고 복되게 살겠다 하면 그 결과가 그렇게 되던가요? 마음만 괴롭지요? 그러니까 욕심부리고 잘하려고 해도 그대로 안 되고 괴로움만 하나 더 보태어집니다. 오히려 내가 땀 흘리고 노력한 만큼만 바란다면 우선 내 마음이 괴롭지 않고 평온을 얻게 됩니다. 그렇게 되면 설사 안 얻어져도 마음이 너그러워집니다.

또 어지러울 때 독경한다고 해서 금방 '내가 독경하니까 마음이 극락 세계같이 편해지게 해달라.'라고 하는 것도 탐심입니다. 그냥 차분하게 마음을 가라앉혀서 독경을 하다 보면 자기도 모르는 사이에 참으로 안온한 희열의 세계가 나타 나는 법입니다. 항상 자기가 자기를 반성하고 냉철하게 지혜를 갖고 해야지요. 욕심을 갖고 성불하는 것은 아니거든요.

그런데 욕심을 버리고 순수한 마음으로 돌아가려 해도 잘 되지를 않습니다. 어떻게 공부하면 좋을지요?

인간은 모두 욕심 속에서 삽니다. 그래서 이 세계를 욕계라 그럽니다. 비록 욕심의 보양은 다 달라도 욕심이라는 점에선 같습니다. 이 많은 욕심을 어떻게 극복하고 욕심 아닌 세계로 돌아 갈 수 있느냐는 질문인데, 깜깜하게 어두운 밤에 어둠을 몰아 내겠다고 빗자루로 쓸고 부채로 부치고 몽둥이로 두들겨 팬다고 어둠이 물러 가겠어요? 물러 가지 않습니다. 그러면 어떻게 어둠을 몰아 내느냐? 불을 켜면 어둠은 붙들어도 달아나 버립니다.

우리가 욕심을 안 부리겠다고 해서 되는 것이 아닙니다. 공부를 하여 마음에 빛이 비추어지면 저절로 욕심을 부리지 않게 되는 그런 세계가 열립니다. 욕심이 허무함을 느끼는 마음의 빛이 일어 나는 것이지요. 그래서 밥 한 끼 굶어도 만족하기도 하고 돈 한 푼 없어도 만족하게 살게 됩니다.

참말로 만족을 느끼는 세계가 있습니다. 이 부처님의 마음만 깨치면 천하가 다 내 세계여서 내 것이 어디 따로 있는 게 아닙니다. 우주 전부가 자기 것이고 태양도 바람도 물도 자기 것이고 천하가 자기 것입니다. 흔히 미국의 포드니 일본의 미쯔비시를 들먹이며 그들을 세계 갑부라 치지만 아무것도 바라지 않고 만족하게 사는 사람이 진짜 갑부입니다.

'백만대군을 이기는 것보다 나 자신을 이기는 것이 참 승리다.' 라는 말이 있습니다. 그러나 그것이 말은 쉽지만 나를 이긴다는 것은 정말 힘든 일이 아니겠는지요. 어떻게 하면 나를 이길 수 있을까요?

본시 '나' 라는 존재가 비어 있습니다. 내가 뭐가 있어야 이기고 지고 하지만 본시 그 자리는 때조차 끼지 않는 자리로 각자 다 갖고 있습니다. 그래서 부처님께서는 중생이나 부처나 차별이 없다고 하십니다.

조금만 돌이키면 됩니다. 멀리 있는 것이 아니거든요. 알고 보면 자기를 이길 건덕지도 없고 패할 건덕지도 없습니다. 스스로 생각을 지어 이것을 만들고 저것을 쳐부순다고 하는 것이지 한 생각 돌이키면 무엇이 있겠습니까? 허공에 구름이 일어 나는 것도 뭐 무슨 뿌리가 있어 일어 나는 것은 아닙니다. 그렇듯이 우리 마음에 일어 나는 모든 희로애락이란 다 허무한 그림자일 뿐인 것을 그 그림자에 따라 가니 칼부림이 일어 나고 울고불고 하거든요. 한 생각 돌리면 허허 웃을 수 있는 세계가 금방 열립니다.

누구나 부처의 자리를 갖고 있다고 하지만, 우리 중생들은 그 자리를 보지 못하고 바깥으로 헤매고 있습니다. 그럴 때 부처님이 우리들에게 어떤 의미가 있을까요?

'심불급중생心佛及衆生 시삼무차별是三無差別'이라, 마음과 부처와 중생이 조금도 차별이 없다는 『화엄경』의 이 말씀은 부처와 중생이 똑같다는 뜻이지요. 그러면 우리도 똑같이 다 부처인 것입니다. 그런데 중생은 무명에 가려 미혹하기 때문에 항상 부처의 성품을 쓰면서도 보지 못하고 있지요. 그것을 깨닫게 하기 위해서 부처님이 우리에게 출현하신 겁니다.

잘 모르고 그릇되게 쓰는 것과 알고 쓰는 것은 분명히 다릅니다. 그래서 알고 써야 하는데, 내가 아무리 부처의 성품을 쓰고 있지만 그것을 모르고 쓸 때에는 헤매지요. 알고 모르는 그것만 다르지, 부처님이나 우리나 똑같아요. 조금도 차별이 없습니다. 부처님이 우리에게 이익을 베푼 것은 우리가 모르고 있는 것을 깨우쳐주시는 데에 뜻이 있는 겁니다.

가령 거울이 항상 밝지만 먼지가 끼면 물건을 비추지 못하지요. 먼지를 닦아 내야 합니다. 그런데 먼지가 덮여 있다고 해서 거울에 빛이 없어진 것은 아닙니다. 그렇듯 본시 다 부처인데, 그것을 모르고 먼지가 낀 것처럼 부처의 빛을 발하지 못하고 중생의 업력에 놀아 나지요.

부처님이 출현하신 것은 '너희들 그렇게 헤매지 말고 정신을 똑바로 차려서 네 안에 본래 있는 그 부처를 찾아라.' 라고 하는 데 뜻이 있는 것입니다. 고집멸도苦集滅道 사제四諦 법문, 십이인연법, 육바라밀법 등이 마음에 묻어 있는 모든 먼지를 털어 내고 내 부처를 찾는 방법이지요. 먼지만 털어 버리면 조금도 다름 없이 똑같으니까요.

그러면 그렇게 마음의 먼지를 털어 버리는 것을 일러 수행이라 하면 되겠는지요?

이름을 붙이자면 수행이지요.

그러면 어떤 것이 수행인가요?

그 사람이 뭔가 어디 막힌 것을 알아야 수행이지, 막연하게 수행이라고 해서는 닿지 않지요. 가령 갑이 막힌 데가 다르고, 을이 막힌 데가 다르고, 병이 막힌 데가 다르고, 사람마다 막힌 데가 다 다릅니다.

자기가 막혀 가지고 헤매는 고통을 이야기할 때, 부처님은 그 매듭을 하나하나 풀어주십니다. 그래서 부처님께서 49년 동안 팔만 사천 법문을 하신 것입니다. 사람마다 병폐가 다르니, 가르치는 방법도 많았던 것입니다. 중생이 찾아 와서, "이러이러한 고통이 있는데 어찌할지 모르겠습니다."라고 하면, "그러하냐, 그건 이러이러하게 치유해라."라고 가르치신 겁니다. 그러니 틀에 박힌 듯이 한 가지만 법이고, 한 가지 방법만 있는 것이 아닙니다.

그러니까 어떤 의심을 하나 제시해야 말이 되지요. "나는 이러이러한 병폐가 생겼는데, 이것을 어떠한 방법으로 치료를 해야 하는지요?"라고 질문이 들어 와야 되는 것입니다. 본시 병이 없는데 무슨 약이 필요합니까? 병이 생기니 감기약이니 위장약이니 하는 약을 지어주는 것이지요.

개개인마다 갖고 있는 문제가 다르기 때문에 부처님께서 그에 맞게 답을 주셨군요.

문제는 각각 다르지요. 그런데 그 원리는 같습니다. 가령 아편에 중독된 사람, 술에 중독된 사람, 재산에 중독된 사람, 사랑에 중독된 사람, 감투에 중독된 사람 등 각자 업 따라 천차만별입니다. 그러나 자기 중독성에 맞게끔 공감을 하게 우선 설명을 해주어야 그 사람이 치료를 할 생각을 하지요. 그래 "너는 어떠어떠해서 그런 허물이 생겼다. 그것을 네가 제거하지 않는다면 결국은 어떠한 고통이 온다."라고 설명을 하는 것이지요.

그런데 흔히들 수행을 하면 가족 관계를 끊어야 한다든지 특별한 고행을 해야 한다는 두려움을 갖는 등 수행을 특별하게 생각하여 못 하는 경우가 있기도 합니다.

그것은 불교를 모르는 소리입니다. 불교라는 것이 따로 묶어 세워져 있는 것이 아닙니다. 한마디로 이 세상에서 인생을 정확하게 살아 가게 하는 것이 불교지요. 공연히 오락하는 식으로 불

필요하게 있는 것이 아닙니다. 인간이 어떻게 살아야 헤매지 않고 참으로 아름답고 가치있고 복되게 사는 것인가에 관한 것이 부처님의 가르침이지 안 해도 되는 것을, 물사마귀나 혹처럼 쓸데없는 것을 만들어 가지고 하라는 것이 아니지요.

세상살이를 떠나 그 인연을 집어던진다고 해서 떠나는 게 아닙니다. 내 마음속에서 일어 나는 번뇌망상을 벗어 버려야 합니다. 장가가서 아들 딸 낳고, 돈 벌고, 온갖 것 다 하는 가운데 필요한 것이 수행입니다. 만일 그것을 집어던지면 인간하고 관계가 없는 일이지요. 결혼해서 살 때는 어떠한 정신으로 살아야 행복하고, 어떠한 정신으로 자식을 교육시켜야 하고, 어떠한 정신 생활을 해서 내 인생을 마쳐야 하는지, 삶의 전 과정을 바로 살기 위한 가르침이 불교입니다.

마음먹고 집어던진다고 해서 금방 되는 게 아닙니다. 가령 아편 중독자에게 아편이 해롭다고 누가 깨우쳐준다고 해서, 그 사람이 하루아침에 그 습을 집어던지지 않지요. 열 번 하던 것을 아홉 번 하고, 아홉 번 하던 것을 여덟 번 해 가지고 나중에 용기가 생겨서 안 하게 되는 것이지, 한 번에 되는 것이 아닙니다.

우리가 느끼고 살아 가는 오욕락도 집어던진다고 해서 금방 던져지지 않습니다. 그러니까 우선은 욕락에 빠져 살면서도 먼저 그 욕락에 사로잡히지 않는 방법을 알아야 합니다. 그래서 자기 모든 문제를 살피고 제재를 해야 하는 것이지요. 대번에 이 세상을 집어던지고 나오는 것이 수행이 아닙니다.

　병이 들었을 때, 누구나 금방 병을 털어 버리고 싶지만, 잘 털어지지 않아요. 그래서 명의에게 가서 그 병을 털어 버리는 방법을 알아 가지고 몇 달, 몇 해 걸려서 노력한 결과 그 모진 병이 낫는 것과 마찬가지로 자기가 처한 현실에서부터 출발해서 배워 나가야 되는 것이지, 하루아침에 되는 것이 아닙니다.

안 되는 과정이 되는 과정

기도정진할 때 자꾸 번뇌망상이 들어 일념이 안 됩니다.

공부하는 것이 쉬운 사람은 아주 쉽습니다. 그런데 또 어려운 사람은 아주 어렵지요. 예를 들어 술을 마시고 담배를 피우는 것으로 몸이 나빠신 사람을 봅시다. 의사가 이제는 술을 마시거나 담배를 피워서는 안 된다고 설명하면 우선은 각성이 되겠지요. 그런데 그 각성한 것을 실천하는 문제는 다릅니다. 용기있는 사람은 듣자마자 끊습니다. 그러나 용기없는 사람은 비록 각성이 되어 끊었다 해도 다시 피우게 되어 결국 평생 못 끊기도 하지요. 중요한 것은 용기입니다. 뭐든지 용기에 따라 됩니다.

우리가 공부하는 것이 어디 오락으로 심심풀이로 하는 것이 아니지 않습니까? 내 위대한 인생을 찾자는 것이 어찌 안이한 마음으로 되겠습니까? 자기 인생을 모르면 살아 가는 것이 그대로 물에 떠내려 가는 것과 같습니다. 이 세상 올 때도 어떻게 왔는지 모르고, 사는 것도 그날그날 끌려 가며 탓하고 부아지르고 하는 그런 것들이 혼몽천지로 헛되이 흘러 갑니다. 갈 때는 또 어떤가요. 죽어 가면서도 죽어 가는 곳도 모릅니다. 마치 흙탕물에 떠내려 가는 것과 한가지지요. 그렇게 천상으로 귀신으로 축생으로 떠밀려 만날 다람쥐 쳇바퀴 돌듯이 헤매는 것이 중생살이입니다.

그러나 한 생각 바로 하고 용기를 내면 다 됩니다. 망상이란 다생에 익힌 마음의 그림자거든요. 용기있는 사람은 '내가 이 나고 죽는 것에 밀려 가서는 안 되겠다.' 라는 결심을 딱 세웁니다. 그러면 어떤 망상도 침범할 여지가 없습니다. 우리가 호랑이가 쫓아 오거나 누가 칼들고 쫓아 오는 것처럼 급하다 보면 어떻습니까? 평소 없던 용기가 생겨 보통 때는 뛸 엄두도 못 낼 열 길, 스무 길도 뛰게 됩니다.

그야말로 아무 생각없이 화두, 그 의심 덩어리에 몰두해서 '나도 생사의 그물을 벗어나 보자.' 라는 확고한 신념을 세워 보세요. 그렇게 하면 어떤 망상도 결국 다 사라집니다.

정진하다 보면 망상이 주로 과거에 대한 것이고 미래에 하려 하는 것들은 많이 안 일어 난다고 합니다. 왜 그런지요?

과거는 자기가 지녔던 기억으로 사라지지 않고 자꾸 되풀이되어 나타나니까 안 잊어 버리고, 미래지사는 자기도 희미해서 거기에 대해 망상이 별로 많이 안 일어 나는 것은 당연한 일 아니겠어요?

미래의 일이 보이는 것은 어떻게 생각해야 할까요?

미래의 일이 보인다 하는 것도 두 종류가 있어요. 정신이 밝아서 미래의 일이 환히 보이는 마음의 작용으로 보이는 것도 있고, 미래에 대한 것이 사실은 깜깜한데 공상망상을 해서 미래를 자꾸 생각하는 것이 있지요. 미래가 저절로 환히 나타 난다는 거야 뭐 나쁜 것은 아닙니다. 거기 팔릴 건 못 되지만 사람이 정진하고 맑아지면 미래의 일이 나타 날 때가 많아요. 문밖에 누가 오는구나 하는 것이 거울같이 환히 보일 때가 있어요. 그래 조금 있다 보면 오거든요. 그건 마음이 밝아서 그렇게 비치는 거니까 나쁠 건 없지요.

경전을 읽고 법문을 들을 때는 옳게 느껴지고 환희심까지 일어나는데 실제로 생활하면서 어떤 상황에 부딪치면 저의 업장이 커서 그러는지 금방 분별심이 나고 진심이 생깁니다.

좋은 생각이 나서 환희심이 났다가도 어떤 때는 완전히 망각해서 여러 가지 어지러운 생각이 불같이 일어 납니다. 왜 그렇겠습니까? 보통 사람들은 다생에 걸쳐 부처님 가르침을 만나기가 어렵습니다. 중생이 사생육도를 윤회하면서 항상 정신없이 헤매는 것이 습관이 되어 불법 만나기가 어려운 것입니다. 그래서 인생난득人生難得이요, 사람 몸 받는 것이 어렵고, 불법난봉佛法難逢이라, 부처님 법 만나기가 어렵다 그런 얘기지요.

우리가 좋은 법을 들을 때 순간 감명을 받으면서도 자기도 모르게 어느새 잊어 버리고 또다시 그전에 익힌 습관이 일어 납니다. 다생에 걸쳐 탐심, 진심, 치심에 찌들어 습관으로 딱 자리잡혀서 그런 것입니다. 그렇지만 용기있는 사람은 '이게 아니다.' 라고 하면 대번에 끊어 버립니다. 용기가 부족하기 때문에 아닌 줄 알면서도 자꾸 하게 되는 것입니다. 그러나 자꾸 하더라도 그게 아닌 줄 염념발심念念發心으로 깨치면 시간이 좀 걸릴 뿐이지 언젠가는 끊어집니다.

어떠한 세계도 순전히 자기가 만든 세계입니다. 누가 만들어

주는 것이 아닙니다. 다생에 스스로 익힌 습관의 세계입니다. 다생에 익힌 습관을 일도양단해서 부처님 법문을 듣고 또 들으면 그것이 깊이 배입니다. 한 번 듣는 게 다르고 두 번 듣는 게 다르고 완전히 배면 여간 진심瞋心이 났다가도 퍼뜩 깨쳐집니다. '아하, 내가 또 속는구나.' 그래서 염념발심—생각생각에 발심하라는 것입니다.

자꾸 절에 가서 법문 듣던 것 또 듣고 하는 것이, 안개낀 날 잠깐 길 갈 때는 옷이 안 젖지만 한참 가면 옷이 축축하게 젖어드는 것과 같아서, 부처님 말씀도 듣고 또 듣고 하면 자기도 모르게 정신이 축축하게 젖어 나중에는 여법한 생활을 하게 됩니다.

그러니까 우리가 아는 것 또 알고, 배운 것 또 배우고 자꾸자꾸 정신차리고 부지런히 노력하는 것입니다. 대번에 되는 것은 없습니다. 첫술에 배부르지 않듯 자꾸 노력을 해야 합니다. 단박에 다 성취하면 좋겠지만 단박에 성취하는 사람은 드뭅니다.

다생에 걸쳐 불교에 대해서는 생소하지만 세상 법에는 다 익었습니다. 신기하게 별 상관없는 세상 법은 저절로 알게 됩니다. 그런데 부처님 법은 만난 지 오래 안 되었기 때문에 알려고 해도 잘 안 됩니다.

부처님께서 '익은 것은 설게 하고 선 것은 익게 하라.'라고 말씀하셨습니다. 익었다는 것은 무엇입니까? 중생심 즉, 나쁜 생각에 익숙해 있다는 것입니다. 그것을 자꾸 설게 만들라는 거지요. 설었다고 한 것은 뭐겠습니까? 부처님 법 만난 지가 얼마 안 되어서 아직 좀 낯설으니 그것을 자꾸 익히라는 말입니다. 그런 방법밖에 없습니다. 끊임없이 노력하는 수밖에 없는 것이지요. 용기가 있어 일도양단해서 아닌 줄 알면 다시 범하지 않는 그런 수승한 기틀은 몇 만 명 가운데 한두 명으로 좀 드물지요. 자꾸 씨름하는 겁니다. 하루아침에 될 수는 없으니까요. 그게 정진입니다. 자기 허물을 항상 반성하고 부처님 법문을 참고해서 자꾸 노력하면 필경 벗어 던져집니다. 나중에는 세속 생각 일으키려 해도 안 일어 납니다. 그리고 부처님 생각 안 하려고 해도 저절로 일어 납니다. 그러니까 거꾸로 되어 버리는 것이지요. 익은 것이 설고 선 것이 익은 것이 됩니다. 중생 고쳐 부처된 것입니다. 우린 아직 부처가 아니므로 중생 살림살이를 하고 있습니다. 따라서 노력하는 길밖에 없습니다.

잘해 보려고 하지만 잘 안 됩니다. 오랫동안 수행했다는 사람들도 갈등을 겪는 경우가 보이고요.

모든 것이 잘 안 되지요. 이 세상에 모두 도인만 살면 좋겠지만 전부가 어지럽고 욕심에 찌든 중생살이라 힘이 들지요. 가령 불교를 배우겠다고 여기 와서 이렇게 모인 사람이 서울 인구의 몇만 분의 일도 안됩니다. 그러고 보면 여러분은 자갈밭의 옥돌마냥 귀한 존재입니다.

불교를 체달해서 고통을 끊고 부처의 세계에 간다는 것이 평범한 일은 아닙니다. 비상한 일입니다. 생사의 파도에 떠내려 가다가 그 그물을 뚫고 행복하고 참다운 자기 인생을 살려고 하는 것은 확실히 평범한 일이 아닙니다. 이 비상사를 하는 데는 비상한 용기와 비상한 결단력 없이는 이루어지지 않습니다.

우리가 다생에 걸쳐 익힌 모든 습관을 끊어 버리고 괴로움에서 벗어 나려면 어려운 길, 가시밭길이라도 가야 합니다. 부처님께서 심술이 많아서 갖고 싶은 것 못 갖게 하고, 하고 싶은 것 못 하게 하신 것이 아닙니다. 그렇게 하지 않고는 그 괴로움의 밭에서 헤쳐 나올 수가 없기 때문에 그러신 겁니다. 백 번 어렵고 백 번 마장이 다치더라도 이를 악물고 뛰쳐나가는 용기로 시작하는 것이지, 무슨 신비하고 쉬운 법이 따로 있는 것은 아닙니다.

우리가 다생에 익힌 습관이 있지만 부딪치는 사람도 맞부딪치지 말고 그 사람을 이해해야 합니다. '이 사람 아직도 옹졸하고 오히려 나보다도 더 헤매는구나.'라고 동정심을 일으켜야 합니다. 자기 아들 딸이 고집을 피우고 부모한테 막 대들어도 부모는 그걸 보고 자식 미운 생각은 안 합니다. '저놈이 저렇게 해서 되겠는가?'라고 자비심으로 항상 어루만지고 순순히 타이르고 혹 종아리에 피가 나게 매질을 한다 해도 사랑 속에서 합니다. 그렇듯이 거슬리는 사람을 절대 밉게 생각하면 안 됩니다. 그 사람을 불쌍하고 측은하게 자비심으로 보는 그것이 바로 공부입니다. 그렇게 할 때 상대가 감화를 받습니다. 내가 하기 어려운 생각과 행동을 할 때 그 힘이 상대를 깨우쳐주는 것이지, 나와 맞지 않는다고 너 한 주먹 나 한 주먹으로 경우만 찾아 들어 가서는 그 사람을 교화시킬 수 없습니다. 나도 똑같이 말려들게 됩니다.

나는 모든 사람을 잘 이끌어 가는 부처님의 제자라는 것을 잠시도 잊지 말고 어떠한 사람이 온다 하더라도 그걸 용서하는 것을 놓쳐서는 안 됩니다. 그렇게 하면 차츰차츰 그 경계에 익숙해지고 힘이 생깁니다.

뭐든지 첫 번이 어렵습니다. 그 참기 어려운 것을 한 번만 참으면 두 번째는 쉽고, 세 번 참으면 참지 않아도 할 수 있고, 자꾸 습관을 들이면 그것이 내 생활이 되어 조금도 힘들지 않고 남을 이해하고 용서하고 깨우쳐줄 수 있는 역량이 생깁니다.

공부할 때, 화두할 때도 첫 번에는 잘 안 됩니다. 아무리 귀담아 듣고 그때는 꼭 해야지 하지만 돌아서면 그만 아차 화두를 놓쳐 버립니다. 하지만 '내가 정신없이 생사의 파도에 떠내려 가선 안 되겠구나.'라고 정신을 차리고 마음을 가다듬어 자꾸 또 해야 합니다. 그렇게 하면 잘 안 되는 그것이 되는 것입니다. 안 되는 과정을 거쳐서 되는 것이지 안 되는 것 없이 되는 것은 없습니다.

정말 제가 업력 중생이라는 생각이 듭니다. 자기 업따라 왔다 갔다 싫증을 잘 냅니다. 이런 제 성질을 어떻게 해야 하는지요. 잘 안 고쳐지는데, 꼭 고쳐야 하는지요?

안 그런 사람이 없습니다. 아무리 좋은 일도 한참 하다 보면 싫증이 날 때가 있습니다. 그것 고치려면 고치려는 망상 하나만 더 생깁니다. 캄캄한 밤에 어둠을 몰아 내려고 몽둥이를 가지고 어둠을 두들겨 패고 부채로 날리고 빗자루로 쓸고, 별짓을 해도 어둠은 안 나갑니다. 싫증난다고 자꾸 싫증나는 것 없애려고 하면 싫증나는 고통에다 그 싫증 없애려는 고통 하나 더 보태어질 뿐 생긴대로 싫증 안 나고 태평해지느냐 하면 그렇지 않습니다.

그러면 어떻게 하면 되느냐. 불만 켜면 어둠은 아무리 붙들어도 물러 갑니다. '이 싫증나는 마음이 어디에서 일어 나는고?' 라고 그 싫증나는 마음 뿌리를 돌이켜 보십시오. 자꾸 그렇게 해 보면 어느 결에 그 싫증내는 마음이 없어집니다. 싫증나는 데로 따라 가지 말고 싫증나는 그 마음이 일어 나는 초점으로 돌이켜 살펴보면 없어집니다. 안 그러면 도대체 싫증도 내고 좋아도 하는 이 '나'라는 그 초점, 이 중심이 무엇인가 의심을 해 보는 것입니다. 싫증을 내고 온갖 망상을 일으키는 것이 마음의 불꽃인데 화두를 하면 시원하게 마음의 청량제가 되고 흔적없이 사라집니다. 부아가 되게 날 때도 '이 뭣고'를 하면 부아가 나지 않습니다. '이 뭣고'를 놓쳤기 때문에 부아가 나는 것이지요.

부아가 나면 이 부아가 어디에서 나는지 그 뿌리를 한번 찾아 보아야 합니다. 그렇게 찾아 보고 찾아보아도 뿌리를 못 찾거든요. 못 찾으니 부아는 없어질 수밖에 없지요. 허무한 데 사로잡혀서 자기가 전부 착각으로 일으킨 것이라 착각을 치우면 아무리 찾으려 해도 보이지 않습니다.

전부 이 마음 놀음입니다. 병도 마음에서 일으키고, 약도 마음에서 일으키고, 전부 마음의 조화인 줄 알아야 합니다.

업장이 두터우면 공부하기 힘들다는 말을 들었는데, 어떻게 하면 업장을 빨리 녹입니까?

이 세계가 괴로운데 괴로움을 벗어 나야 할 것 아닌가요? 업장이 끊기 힘들다고 누가 끊어줄 수 있는 것이 아닙니다. 끊기 힘들수록 내가 더 용기를 내어 끊도록 해야 합니다. 스스로 해결해야지 아무도 해결해 줄 사람이 없어요.

그러니까 한마디로 '용기'가 있어야 합니다. 내 업장을 끊기 위해서라 하지만 잠 안 자고 하는 것을 좋아할 사람은 아무도 없습니다. 부처님이 세상의 좋은 것을 다 버리고 고행한 것도 고행하는 것이 좋아서 한 것이 아닙니다. 왜 그랬느냐? 모든 중생이 고통 속에 빠져있는 것을 어떻게 방관하고 있느냐. 그래서 뼈아픈 노력을 해서 도를 이루신 것입니다. 업장을 녹이기 쉬워서 녹인 사람은 없어요. 그것이 힘들고 어려우니까 아직 많은 중생이 지옥에 남아 있고, 지옥을 다 제도하기 전에는 성불하지 못하겠다는 참으로 대원력을 세우고 지장 보살님이 계시는 겁니다. 빨리 업장을 소멸하는 길이 지장 보살님을 위하는 길입니다.

빛나는 주인공을 찾고 싶은데 우리 마음은 너무 갑자기 일어나고, 하루에도 열두 번씩 화도 났다가 좋았다가 그러면서 한 치 앞도 안 보입니다. 정말 답답합니다. 이렇게 답답할 때 어떻게 해야 하나요?

답답할 수밖에 없지요. 모르는데 답답하지 않을 사람이 어디 있겠습니까? 모르는데도 안 답답한 사람은 공부 포기하고 공부 안 하는 사람입니다. 답답해서 머리가 터져 나가는 것 같고 도무지 어찌할 수가 없는 것이지요. 올 때도 모르고 갈 때도 모르고 얼마나 방황하면서 살아 갑니까? 그러니 답답하지요.

    그러나 답답하다는 소리는 그만큼 내가 그 문제를 풀려고 애쓴다는 소리입니다. 애 안 쓰는 사람은 답답한 것이 없습니다. 답답하고 고통을 많이 느낄수록 그놈을 해결하겠다고 발버둥치게 되고 먹는 것도 싫고 잠자는 것도 싫고 답답해 합니다. 그게 좋은 시절입니다. 자꾸 더 답답해야 합니다.

밖에서 도와주는 외호대중外護大衆을 만나지 못하면 깨닫기 힘들다는 말이 있는데요?

    그건 외호대중이 잘해 주면 공부하는 데 도움이 될 수 있으니까 하는 말이지요. 그러나 외호대중이 없더라도 결심만 확고하면 혼자 저 바위 밑에 앉아서라도 깨칠 수 있고 어떠한 노동 속에서도 깨칠 수 있는 것이지, 꼭 일률적으로 외호대중이 있어야 공부할 수 있다는 말을 못박아 할 수는 없어요.

    외호대중이 있으면 밥 먹고 옷 입고 거처하는 데 아무 불편이 없어 공부에만 전념할 수 있잖아요. 그런데 자기가 다 해결하면서 하려면 공부하는 데 좀 끄달리겠다 하는 정도라 생각하면 되겠지요.

화두를 들고 수행하는데 일주일 해서 못 깨치면 영원히 못 깨친다는 말들을 합니다.

그거야 정해진 게 아니라 일률적으로 말할 수는 없지요. 사람이 전생에 지은 복이 모자라서 그렇게 못 하는 경우도 있고, 노력 부족으로 못 하는 경우도 있겠고, 또 지도자를 잘못 만나서 그럴 수도 있지요. 그러니까 부처님 경전도 읽고 선지식을 찾아가 법문도 듣고 늘 점검을 해야 합니다. 그렇지만 딱 며칠을 정해서 빨리 깨닫지 못하면 안 되고 하는 것은 없습니다.

그런데도 사람들은 얼마만큼 해 보다가 안 되는 것 같으면 쉽게 물러 나게 됩니다.

그거 사람들이 몰라서 그렇지요. 자기가 노력한 만큼 얻어지는 것인데 노력이 부족해서 그런 것인데 안 된다고 포기한다는 건 어리석은 행동입니다. 안 될수록 더 용기를 내어 깨치도록 해야지요. 그게 자기 인생을 잘살기 위해서 하는 것이니까 공부를 포기한다는 건 자기 인생을 포기하는 것과 같은 거라 이말입니다.

그러니까 안 된다 해서 포기한다는 것은 우스운 소리지요. 되도록 노력하고 또 노력하고 결국은 자기 꿈을 깨야 할 것 아니겠어요? 공부란 것이 얼마 동안 기한부로 하는 그런 것이 아니고, 안 되다가도 삽시간에 깰 수도 있고 여러 해 걸릴 수도 있는 것인데, 그게 뭐 학교에서 1학년, 2학년의 단계 따라 올라 가듯이 정해진 게 아닙니다. 그러니 안 된다고 포기해서는 안됩니다. 자꾸 되도록 노력해야지요.

여기 와서 법문을 들으면 '아, 공부해야지' 이러다가도 집에 가면 '공부만 한다고 사나? 밥도 먹고 일도 해야 되는데' 이렇게 마음이 돌아 갑니다.

한마디로 '이 세상 살기가 재미있다.'는 말이지요. 그러니까 재미있는 세상을 버릴 수 없다는 뜻인데 그럴수록 용맹정진해야 됩니다. 오늘 노장이 이 세상이 괴로움이라는 것을 열심히 이야기했는데 그래서 그것을 알아 버리면 그런 생각이 자동적으로 일어 나지도 않을텐데 안 듣고는 마치 초상집에 가서 밤새도록 울다가 '어느 양반이 죽었지?' 하고 묻는 것과 마찬가지네요.

공부하는 데 방해되는 것은 모두 마구니

마장魔障이란 무엇인지요?

글자 그대로 '마구니' 란 말입니다. 마구니란 뭐냐. 공부하는 데 방해되는 것은 모두 다 그렇게 부릅니다. 부처님이 설산에서 성두할 때 팔만 사천 마구니를 항복시켰다고 그러는데 미녀가 현혹하고 무기로 위협하고 했지만 흔들리지 않았거든요. 그냥 '마' 라고도 하는데, 바깥에서 오는 '마' 도 있겠지만 근본으로는 다 자기 마음에서 일어 나는 '마' 여서 팔만 사천 번뇌가 다 팔만 사천 마구니가 되는 거지요. 예를 들면 술을 좋아하는 사람이 술 생각이 나면 마구니에 팔린 것이고, 미색을 좋아해서 미색에 팔리면 그 미색이 마구니고, 감투 좋아하는 사람이 누군가가 감투를 준다할 때 거기에 망상이 들면 그 감투도 마구니입니다. 또 공부하는 데 부모가 와서 애걸복걸해서 거기에 마음이 흔들리고 효심이 발동하면 그 효심도 마구니입니다. 효심이 공부를 방해하는 거지요.

마음에 일어 나는 모든 습관이 다 '마' 라는 것을 알아서 그 마구니만 제하면 공부하는 데 흔들림 없이 항상 여여할 것입니다.

사람들이 마장에 빠지는 이유는 무엇일까요?

자기가 습관을 들여 빠지는 거지요. 비근한 예로 술 좋아하는 사람은 술을 마셔도 그냥 마시는 것이 아니라 술에 대한 애착이 있거든요. 그래서 마시고 싶지요. 술에 중독된 사람은 집안 살림살이 다 팔고 아름다운 부인까지도 팔아 술 마시러 가기도 해요. 그래서 그런 습관에서 빠져 나오려면 용기를 가지고 안 하면 됩니다. 일체유심조一切唯心造라, 전부 다 마음에서 일어 나는 겁니다.

터가 세면 정진 못 한다고 하는 것을 어떻게 보십니까? 그리고 큰스님께서는 터가 센 곳에서 수행하신 경험이 있으신지요?

터가 세다고 하는 그것은 모두 착각이지요. 보통 마을에 가면 상여집이 있어요. 밤에 그 집에 가 보면 쿵탕쿵탕 하고 귀신이 왔다갔다 하기도 하고……. 그러나 그건 다 자기가 역량이 부족할 경우라. 잘못하면 정신이상자가 되기도 하지만 정신이 또렷또렷한 사람이야 그깟 귀신망상에 홀려서 헤매겠어요?

또 세상에는 폐가, 흉가라 해서 터가 센 곳이 있긴 있어요. 그런 데는 모두 지형적으로도 험상궂고 좋지 않은데, 그 지기地氣의 영향을 받아 공포심이 일어 나면 그곳은 피해 사는 것이 옳아요.

그러나 그런 것 상관없는 사람은 그까짓 것 무슨 상관이 있겠어요? 귀신이 배 위에 올라탔더라도 걱정없는 사람은 아무 상관없지만 귀신이 눈만 부릅떠도 정신을 잃어 버리는 사람이라 하면 그렇게 되기는 힘들지 않겠어요?

터가 센 곳에 기시 수행한 경험이 있는가 물었는데, 어떤 곳이 터가 세다는 말은 들어 봤지만 정작 귀신 도깨비 나오는 것은 못 봤고, 뭐 그런 데 별 상관없이 지냈어요. 비가 오면 상여집에 가서 피하기도 하고, 귀신이 버글거린다는 공동묘지에 있어 보기도 했지요.

그런데 그런 말이 다 번뇌 많아서 정신 못 차리는 사람들이 하는 소리지 정신이 있으면 생각해 봐요. 산 사람이 뭐 귀신같이 맥아리 없는 것한테 겁을 먹겠습니까?

그전에 5살 된 겁 없는 아이가 있었어요. 옛날에는 마을 뒤로 한참 가서 조용한 데 서당을 만들어 놓았거든요. 그런데 이 조그만 놈이 하도 당차고 겁이 없으니까 선생이 하루는 시험을 했어요. 일부러 마을에다 대를 그냥 두고 와서는 공부시키던 도중에 담배를 말려다가 대를 찾았던 거라. "대가 어디 있나? 아하, 내가 대를 안 가져 왔구나."라고 말한 다음, "누가 대 가져올 사람 없느냐?"라고 했어요. 그런데 그 숲 속에는 귀신 도깨비가 나온다고 하는 그런 곳이 있었어요. 그곳을 지나 가야 대를 가져 올 수 있는데 그 조그만한 아이가 "아, 제가 갈게요."하는 거라. "아, 너 괜찮겠냐?"라고 물으니까 "괜찮죠."라며 나섰지요.

그렇게 하도 당차고 그러니까 선생이 먼저 숲 속 길에 귀신 나온다고 하는 그 장소에 가서 가만 숨어 있었어요. 얼마 후 그 아이가 통통거리며 오길래 팔을 쓱 내밀었죠. 그런데 이놈이 그 팔을 턱하니 만져 보고는 휙 뿌리치고 간 거예요. 그래 뒤로 퍼뜩 따라 와서는 변소 갔다온 척하면서 "그래 갔다 왔냐?" 하니 가져 온 대를 내놓는 것이었지요.

선생은 속으로 기분이 좋았지요. "너 겁나지 않든?" 하니까 "뭐가 겁나요?" "그래 귀신 나온다고 그러던데 귀신 안나오더냐?" 그러니까 그 아이 말이 어느 놈이 팔뚝을 쓱 내밀길래 꽉 쥐었다가 휙 뿌리치고 왔다고 했어요. 선생이 "임마, 그게 귀신이야." 그러니까 "귀신이요? 내가 만져 보니까 따뜻하던데……." 하는 거라. 그놈이 조사감이지요.

지혜가 앞서면 이렇게 판단이 환합니다. 밝은 기운이 있으면 그림자가 침범 못 하는 것이지요. 내게서 삿된 기운이 뻗쳐나가니까 삿된 기운이 뻗쳐 오는 거지. 내게 나쁜 기운이 없으면 귀신 구덩이에 가도 귀신이 침범을 못 해요.

만약 지구의 종말이 온다면 우리는 지금 무엇을 해야 할까요?

지구의 종말이 오고 안 오고, 이것은 내 인생과는 하등 상관이 없는 문제입니다. 만일 지구의 종말이 온다 하더라도 평상시와 똑같은 여일한 생활을 하는 겁니다. 불교는 생과 사를 초월한 것이니, 지구가 부서지든지 생성하는지 관계가 없습니다.

자기 생명이 무너지는 것과 지구가 무너지는 것 중 그 어느 쪽이 더 비중이 무겁다고 생각합니까? 지구의 종말보다도 우리 인생의 종말이 더 크지요? 그러니까 지구의 종말이 오든지 말든지, 내 마음 하나만 바로 선다면 문제 없습니다.

지구는 성成 · 주住 · 괴壞 · 공空하고 우리 인생에는 생生 · 로老 · 병病 · 사死가 따르니, 태어났다가 늙고 병들고 죽기 마련입니다. 이 껍데기를 벗어 날 수 없지요. 그러니까 거기에 해당되지 않는 그 알맹이 인생, 자기 인생을 보라는 것이지요. 그것은 불생불멸입니다. 지구는 여기에 이렇게 일어 났다가 저기에 꺼지고, 저기에 일어 났다가 여기에 꺼지는 등 무한히 많은 세월 속에서 성주괴공하는 것입니다.

따라서 우리가 부처님 법을 제대로 배우고 익히는 수행자라면 지구의 종말 따위는 하등 문제될 것이 없습니다.

참선하다가 자신의 모습이 다 들여다 보이는 상태를 경험했습니다. 그 경계는 어떻게 해서 일어난 것일까요?

참선하다가 자기 자신을 보려고 하는 것이 벌써 경계에 빠진 것이지요. 모두 자기 자신을 다 보지 안 보는 사람이 어디 있어요? 자기 자신이 보인다는 것은 착란입니다. 자기 자신은 모양도 빛도 미궁수인데 자기 자신이 어떻게 보인단 말입니까? 자기 자신이 보인다는 그것이 자기 자신입니다.

여러분 코도 보고 귀도 보고 다 보지만 눈 본 사람은 없을 것입니다. 자기 눈 본 사람 있어요? 거울 통해 자기 눈의 그림자를 봤지 자기 눈은 안 보입니다. 또렷또렷 볼 것 같지만 자기 눈은 안 보입니다.

그럼 자기 눈이 안 보인다고 해서 자기 눈이 없느냐. 눈이 자기 눈을 못 보고 칼이 만 가지를 다 베지만 자기 칼날은 또 못 뱁니다. 알아 듣겠어요? 그러니 자기를 봤다는 소리가 무슨 소리요? 그것은 그림자를 본 것이니 다 망상입니다. 자기를 봤다는 소리는.

자기를 봤다는 그 주인이 자기인데 무슨 자기가 바깥에 있고 보는 놈 있고 볼 게 있느냐 이 말입니다. 두 쪼가리로 벌써 벌어졌어요. 자기가 자기를 봤다니 보는 놈하고 바깥에 나타난 자기하고 두 쪼가리 아니요? 그래 눈이 못 본다는 것이지요.

자기 눈을 못 본다고 그 보는 게 없는 것은 아닙니다. 칼날이 만물을 다 베는 것 같지만 칼 자신은 못 베듯 베는 칼날이 바로 자기입니다.

이 마음을 봤다는 것은 마음을 찾다가 이상스런 환상에 사로잡힌 것입니다. 그런 것을 금하는 것이 불교입니다. 어떠한 빛깔이나 어떠한 음성으로 진리를 보려는 사람은 영원히 사도를 행하는 사람이라는 말입니다. 부처가 와서 잘 한다고 등을 두드려도 '어느 놈이냐. 부처라는 것하고 내가 무슨 상관이냐.' 라고 호통칠 수 있는 정신이 되어야지 어떠한 경계에 사로잡혀서 신기해 한다면 그 사람은 참말로 진리를 못 봅니다. 그것은 사도邪道입니다. 부처가 와서 잘 한다 해도 그것이 내 부처와 무슨 상관이란 말입니까? 그래 마조 스님이 일망 타살해서 천하에 개밥을 줬으면 편할 거라 한 소리가 그 뜻입니다. 석가모니를 바로 안 소리지요.

이론으로 그러리라고 그러지 말고 참으로 모르게 의심을 한번 간절히 해 보아요.

도고마성道高魔盛이라. 보통 도가 높아지면 마가 성하다고 하는데 실제로 그런가요?

'도고일척道高一尺 마고십척魔高十尺이라.' 도가 한 자 높아지면 마는 열 자가 더 높아진다.' 라는 말이 있지요. 등 따시고 배부르고 마음 상할 것 없어 도 닦을 것도 없는 사람은 거기에 빠져 있을 동안은 고통도 없어요. 그렇지만 해탈하겠다고 할수록 정신이 더 날카롭게 작용을 해요. 그런 것이라 '도가 한 자 높으면 마는 열 자 높다.' 라고 합니다. 그러니 점점 어렵지요. 그래서 큰 용기가 없으면 도를 성취하지 못한다고 하는 것입니다. 마가 더 따라붙는다 그겁니다.

예를 들어, 내가 술을 좋아해서 술을 몇 해 마시다 보면 술맛이 있거든요. 그래서 자꾸 마십니다. 곤드레만드레 취해도 거기에 빠져 가지고 못 끊고 자꾸 마십니다. 끊을 생각도 없이 늘 마시면 고통도 없어요. 그렇지만 이것을 끊어야겠다고 결심하고 나면, 맘껏 마실 때는 별로 애착이 없는 것 같다가도 끊으려 하면 그 술의 세계가 더 매력이 있고 더 따라 가고 그렇게 되는 법입니다. 그러니까 끊으려 마음먹고 끊는 행이 있으니 마장이 더 커진다는 말이지요. 결국 도하기 어렵다는 것에 비유한 것이 도고마성입니다.

부처님도 성불할 때까지 온갖 마장이 와서 덤볐습니다. 그렇게 자기가 전생, 다생 쌓아온 그 업이 강하게 작용합니다. 그러니 어렵다는 말입니다.

그러나 도를 자꾸 성취하면 도에 대한 정력이 쌓여 그것을 무찌르는 힘도 커지기 때문에 결국 성불합니다. 그것을 표현하자니 도가 한 자 높으면 마는 열 자 높으니 단단히 정신차리고 마에 빠지지 마라는 경책의 소리지요.

마장을 뛰어넘는 뾰족한 방법이 있는지요?

'마장'이라는 것은 공부를 여물게 하기 위해 일어 나는 그림자인데 어떻게 보면 이것이 없으면 수행이라 할 것도 없지요. 수행할 때 힘이 들고 벅차고 어려운 것을 모두 장애라 볼 수 있는데, 뱃사공이 파도가 거세게 불 때 배를 부리는 묘가 있듯이, 그것을 극복해 나가는 것이 수행의 묘라 할 수 있습니다.

슬픈 데도 기울어지지 않고 괴로운 데도 기울어지지 않고 좋은 데도 기울어지지 않는 자기 중심이 딱 서야 합니다. 그렇게 되면 생활하다 다른 경계가 오더라도 극복할 수 있지만 이 힘이 약할 때에는 그 경계에 사로잡힙니다. 내 뜻대로 안 되고 막히는 그 장애를 잘 넘는 것이야말로 내 수행이 굳어지고 여물게 하는 좋은 약이지요.

가령 누가 부아를 지른다고 할 때 정신없이 있다가는 거기에 같이 부아를 내고 해서 주위 사람들을 찡그리게 하고 나쁜 현상이 오거든요. 그럴 때 본래 주인공인 자기 마음에 딱 집중해 있으면 떠내려 가지 않고 터억 경계를 정리할 수 있는 힘이 생깁니다. 그렇게 자기 중심을 안 잃어 버리게 하는 것이 참선이고 정진이고 공부지요.

희로애락 등 온갖 경계에 팔리지 않고 자기 중심을 살피고 비판하고 정진할 수 있는 마음의 준비가 필요합니다. 어떠한 경계에도 휘말려들지 않고 내가 처리할 수 있는 그런 정신을 우리가 연마하는 것이지요. 모두가 다생에 익힌 업력 때문에 그것이 말은 쉬워도 까딱하면 흐트러지기 쉽습니다. 그러니까 항상 정신차려 정진해야 합니다.

큰스님께서 지금까지 살아오시면서 '힘들었다, 장애다.' 라고

생각하셨던 일은 어떤 것이 있었고, 또 어떻게 극복하셨는지요?

불교 만나기 전에야 모든 사람이 다 똑같지요. 예를 들어 좋은 음식 있으면 침 넘어 가고, 그놈 먹고 싶고, 또 어떤 것은 해 보고 싶고, 공포심이 드는 것은 피하고 싶고 그렇지요. 그러나 자기에 대한 수행이 쌓이게 되면 이제 거기 팔려서 넘어 가지 않게 되지요. 비록 그런 생각이 일어 났다 해도 감정적으로 흘러 가는 것이 아니라 자기가 자기를 보고 지혜롭게 대처하게 되지요.

까딱하면 탈선도 할 수 있는데 그러면 결국 자기 손해거든요. 우리가 길 가다 논둑길 잘못 디뎌 구덩이에 빠지는 것처럼 빠지면 즉시 벌떡 일어 나야지 우두커니 처박혀 있으면 되겠어요? 어서 가서 찬물에 씻고 새로 용기를 내는 것처럼 뭔가 실수가 있으면 자꾸 거두어 들여서 내 수행하는 과정으로 삼아야지요. 그 거두어 들인 것과 투쟁하는 것이지요. 두생한다는 것이 공부한다는 소리거든요. 공부 안 하면 투쟁이란 없지요. 씨름하는 것도 서로 이기려고 하잖아요. 우리도 져서는 안 되겠다 하는 씨름 상대가 하나 있는 셈이지요. 내가 힘이 있으면 상대를 넘어뜨리는 것처럼 어떠한 마장도 내가 그것을 넘어뜨리는 용기와 힘이 축적되어야 합니다. 정진력이 바탕이 안 되면 거기에 넘어 가고 맙니다. 그래서 모든 오욕락에 빠져 버립니다. 빠져 버리면 향상이 있을 수 없지요.

그러나 그런 오욕락에 한 번도 안 빠져 본다면 금상첨화로 더욱 좋지만 그런 데 빠진다 하더라도 한번 경험해 보는 것으로 그 경계에서 탈출하고 극복할 수 있는 지혜를 쌓아야 합니다. 그러면 내가 공부하는 이 세계가 장하고 지금 하는 것이 잘 되고 있다는 것이 느껴집니다.

정진력이 쌓이면 그런 유혹도 오지 않게 됩니다. 그렇게 어느 정도 수양이 되면 그런 데 다시 안 돌아 가고, 또 그럴수록 더욱 정진해야 생사를 초월하는 경지에 들어 가게 되지요. 그래야 모든 것을 내 맘대로 하며 산다고 할 수 있습니다. 웃어도 내가 웃고 부아를 내도 내가 마음대로 합니다. 그전에는 주위 환경이 나를 휘둘렀지 내가 한 것이 아니거든요.

무엇이든 내가 합니다. 씨름판에 가서도 내가 이길 수도 있고 져줄 수도 있어야 합니다. 내가 실력 있을 때는 이기든 지든 상관없이 항상 편안합니다. 내가 준비가 부족하면 공격을 당하지만 내가 모든 준비가 되어 있으면 아무 데도 흔들림이 없습니다. 죽음이란 적이 온다 하더라도 본래 죽음은 없다는 근본을 알아 버리면 당황하지 않고 죽을 각오가 됩니다. 그러니 죽음의 공포가 없고 죽음이 언제 오더라도 당황하지 않고 헤맬 것이 없습니다. 그러나 그 준비가 안 되어 있을 때는 '내가 죽으면 어쩌지?' 하고 쩔쩔 매고 정신이 흐려지고 죽음이란 것에 정복당합니다.

모든 경계를 내가 정복해야 합니다. 말하자면 오욕락이 인간을 빼앗아 가는 적이거든요. 그 오욕락으로 사는 인간이라면 백 년 동안 인생을 사는 것, 그것밖에 안 됩니다. 불교는 불생불멸하는 자기 근본 생명을 찾자는 것이지 백 년 인생에 국한된 것이 아닙니다. 그러니까 수행하는 것이지요. 백 년 인생 사는 사람은 오욕락에 빠져 가지고 정신없이 살다 가버립니다. 어디서 오는지 어떻게 사는지 어디로 가는지 방향을 모르거든요.

수행이란 영원한 생명을 찾아 가는 것입니다. 그래서 그까짓 몇 푼어치 안 되는 오욕락 같은 것은 비켜두고 사는 것입니다. 그러지 않고 거기에 사로잡히면 그거 몇 푼어치 인생이겠습니까? 모든 것을 극복할 수 있는 자기 마음이 되면 내가 모든 것을 구사하게 됩니다. 가장 무서운 것이 자기 생명인데 생명에 대해서 상관이 없다면 다른 경계도 상관이 없습니다. 이치가 그렇지 않겠어요?

자기가 어느 정도 그런 것을 극복할 수 있는 힘이 없이는 안 됩니다. 그러면 지옥, 천당이 상관없어지고 생사를 초월해 버립니다. 그래 불생불멸이지요. 본시 남도 없고 죽음도 없는데 뭐가 있겠어요. 모든 문제가 생사를 초월하지 못한 데서 일어 납니다. 그러한 자신이 있어야 합니다. 생사를 초월한 경계에 있는 사람이야 무엇을 범하고 안하고 하는 것도 없지요.

그런데 그게 말은 쉽지만 어렵지요. 또 자기가 그런 경계에 도달한 것 같다 가도 실지로 부딪치면 어지러워지고 그럴 수 있습니다. 그러니까 우리가 끝까지 정신차리고 정진을 해야 합니다. 그렇게 하면 평소의 자기 업력, 욕락 안 따라 가고, 그런 가운데 참으로 살아가는 아름다운 길이 열립니다.

어떠한 마장이라도 내가 극복해야 합니다. 그래야 결국 그 단계를 넘어 가서 생사를 초월하게 되지요. 생사를 초월한 사람은 걸리고 피할 것도 없습니다.

우리 중생들이 이해 관계를 따지며 서로 미워하고 투쟁하게 되는 바탕에는 사실 죽음에 대한 두려움이 깔려 있다고 생각합니다. 어떻게 하면 죽음의 두려움에서부터 자유로워질 수 있겠는지요?

부처님은 바로 이 점을 구제하기 위해서 사바 세계에 출현하신 것입니다. 모든 사람이 백 년 동안의 인생에 전전긍긍하고 고통 속에서 허덕이는 원인은 바로 죽고 사는 데에서 벗어 나지 못해 다가오는 죽음에 대한 두려움 때문입니다. 누구나 무한정 살고 싶어하지만 죽음만은 면할 수 없습니다.

불교의 수행법을 통하여 생사를 뛰어넘어 생사가 없는 도리를 얻지 않고는 죽음의 두려움에서부터 자유로워질 수 없습니다. 그러나 우리가 진정 생사없는 이 도리만 알아 버린다면 본래 없는 죽음을 두려워 할 이유가 없지 않겠어요?

일념으로 정진하고 수양을 쌓아 갈 때 불생불멸하는 본래 마음을 보게 됩니다. 그렇게 되기 전에는 결코 죽음에 대한 두려움에서부터 해방될 수 없습니다.

생사가 없는 것을 중생이 착각하여 생사를 보고 있습니다. 우리의 이 생각의 기멸이 딱 끊어지면 바로 그 자리가 흔들림 없는 본래 마음이니, 그 흔들림 없는 데에 죽음이 있을 수 없습니다. 이것이 불교의 철학이요, 불교의 근본 목적입니다.

절제하면 힘이 생긴다

꿈을 많이 꾸는 사람들은 공부하기 어렵다고 하는데, 그런 사람들은 어떤 수행을 하면 좋을까요?

마음이 집중을 잃어 버렸기 때문에 꿈을 꾸는 것입니다. 마음을 풀어 놓으면 꿈을 꾸는 것입니다. 정진한다는 것은 마음의 중심을 잃지 않는 것입니다. 그러니까 '이 뭣고' 화두를 한다든지, 관세음 보살 염불을 한다든지, 주력을 한다든지 모두 다 마음을 한 곳에 집중하는 공부입니다. 집중이 되면 흩어지지 않습니다. 세상 사람들은 마음을 자꾸 풀어 버리니까 누가 웃기면 웃고 누가 부아지르면 부아냅니다. 자기 중심이 있는 사람은 누가 웃겨도 자기가 어느 정도 웃는 것이지 자기 전체가 웃는 것이 아니고,

부아질러도 그것이 어느 정도 부아나는 경지에 부아나는 척하는 것이지 부아가 나지 않습니다.

　보통 그런 중심이 없을 때 꿈을 자꾸 꾸게 되고 허깨비가 나타나는 것입니다. 꿈꿀 때도 그 꾸는 꿈에 집중해 가지고 내 꿈꾸는 주인을 떡 돌아 보면 금방 꿈이 없어져 버립니다. 가령 절에 공부하러 왔다 해도 공부가 안 될 때는 꿈도 많이 꾸고, 그 꿈에 끌려가는 경우도 많습니다. 그때도 '아, 내가 공부하겠다고 절에 왔는데 이 지옥에 끌려 오다니 되겠는가. 아, 이거 공부하면 지옥은 본시 없다는데 이 지옥이 뭔고?' 라고 하면서 집중해 보면 금방 사라집니다. 또 가령 꿈에라도 호랑이나 뭐한테 해를 입을 때 그 마음을 가다듬고 '본시 공한 것인데······.' 라고 깊이 살피면 금방 없어져 버립니다

　마음이 흩어질 때 나타나는 그림자가 꿈입니다. 그러나 그 마음을 집중시키면 꿈은 없어집니다. 그래 성인은 꿈을 꾸지 않습니다. 오매일여寤寐一如입니다. 꿈꿀 때나 현실이나 똑같습니다. 그렇게 안 되니까 생시에 자꾸 산란심이 일어 나고 잠만 자면 또 꿈으로 이 두뇌가 쉬지를 못합니다. 꿈에도 이 머리는 한 50% 작용을 하고 있습니다. 그러니까 꿈을 많이 꾸면 실컷 자고 일어나도 찌뿌드드한 것이 머리가 개운하지 않지요. 신경이 운동을 했기 때문입니다. 숙면이 되어야 휴식이 되는데 제대로

휴식이 안 되고 한 50%도 휴식이 안 되니까 늘 개운치 않습니다. 수행하는 사람은 잠을 조금 자고도 개운합니다. 잠이란 것은 뇌의 휴식이거든요.

꿈이란 다 허깨비입니다. 어디 꿈에 밥을 실컷 먹어도 배부른가요. 꿈에 금덩어리를 준다 해도 깨 보면 없거든요. 받은 것도 없습니다. 그대로 꿈 아닌가요? 그런데 거기에 속는다는 것을 한번 생각해 보고 자기 반성을 해야 합니다. '내가 이 허깨비에 속아 정신이 다 팔렸으니 되겠는가.'라며 명상을 하고 염불도 하고 화두 놓치지 않고 하는 것입니다. 그래서 꿈에도 화두하는 것이지요.

화두를 하든지 염불을 하든지 그런 공부하는 사람에게는 산란한 경계가 나타 나지 않습니다.

일을 하든 기도를 하든 특별히 하기 싫은 생각은 없는데도 졸음을 이기지 못하는 사람이 있습니다. 그래서 푹 자보기도 하지만 대개는 잠이 끝이 없다는 것이 이런 사람들의 어려움입니다.

사실 졸리면 잠을 자야 되는 게 자연스런 거지요. 졸리면 자고 배고프면 먹고, 소변 나오면 소변 봐야 되고, 대변이 나오면 그것도 해결해야지요. 자연의 몸은 제대로 내버려둬야 하는데, 그렇다고 그대로 내버려두면 우리는 무슨 일을 못 해요. 잠에 끄달리고 망상에 끄달리고 그저 흐리멍덩해져서 술 취한 사람처럼 살아갈 뿐입니다.

하지만 정진한다고 너무 잠을 안 자면 병이 생깁니다. 그러니까 잠은 적당히 자야 되요. 다만 8시간 잘 것을 차츰차츰 줄여 나중에는 3시간 자고 하여 잠을 덜 자면 그만큼 시간의 여유가 생기잖아요. 그 시간을 이용해 정진하라는 말입니다.

절에 가면 잠을 많이 자지 마라 합니다. 5시간이나 4시간 이상을 못 자게 하거든요. 그러니까 자꾸 졸리지만 억지로 참고 안 자는 거지요. 대중 생활을 하다 보면 어떤 때는 젊은 사람들이 자리에 없어서 찾아 보면 저 다락에 가서 사흘이고 나흘이고 자고 오는 사람이 있어요.

젊어서는 기운이 좋고 그러면 잠이 더 많이 옵니다. 음식도 그때는 두세 그릇을 먹어도 소화가 후딱 되고요. 그러나 그게 오래 가느냐 이 말이지요. 인간이 많이 살아 봐야 백 년인데, 기운 좋은 때는 2, 30년도 안됩니다. 늙고 병들고 자꾸 쇠잔해지거든요.

한참 기운이 왕성할 때는 잠도 많이 오고 후닥닥거리고 싶긴 해요. 그러니까 그런 기운을 자꾸 단련해서 잠도 적게 자고, 하고 싶은 것도 절제하고, 먹는 것도 절제하면 그만큼 일에 힘이 생기는 것입니다. 힘이 생기니까 자신이 붙습니다. 또 잠을 많이 자면 혼탁해지지만 하루라도 밤을 새우거나 안 자면 그 시간에 정신에 대해 많이 생각하게 되고, 잘 때는 정신이 없다가 정신이 성성惺惺하게 깨면 인생살이에 대해서 독서를 하든지 뭘 생각을 하든지간에 혼몽하지는 않아요. 그런 기운으로 자기 인생을 단련하는 것이지요.

하고 싶은 것, 자고 싶은 것 실컷 하고 뭘 하려 한다는 게 말이 안 되지요. 그 힘을 어떤 목적을 향해 집중시키고 정력을 몰아 넣는 것, 그것이 수행입니다. 남보다 안 자고 더 노력하고 더 연구해야 하는 것이 수행이 아닌가요? 만사가 다 그렇습니다.

공부도 별 것 아닙니다. 졸린다고 다 자고 해서는 공부가 안 되거든요. 안 자면 거기서 자꾸 힘이 생겨서 8시간 꼭 자야 될 것을 7시간 자고, 6시간 잘 것을 5시간 자도 오히려 많이 잘 때보다 더 기운이 나고 새로워집니다. 그만큼 우리 빛나는 근본 자리를 단련하고 있는 거지요.

오욕락에 끄달려 몸뚱이가 하고 싶은 대로 내버려두고 따라 가면 맥없는 행동밖에 못하지만, 뭔가 자기 생각을 제지하고 자꾸 노력하면 거기에 위대한 힘과 용기와 모든 정력이 솟아 나는 법입니다.

잠은 잘수록 밤낮으로 자꾸 늘어 납니다. 8시간 자던 사람이 맥을 풀어놓고 살면 9시간, 10시간 자요. 또 먹는 것도 그래요.

만족이 없지요. 욕심이란 그것이 뭐든지 간에 자꾸 할수록 늘어나고 안 할수록 욕심이 없어집니다. 욕심에 팔리지 않는 사람은 더 정력이 생기고 기운이 생기고 보통 때면 느끼지 못하는 날아갈 듯한 기분이 생깁니다. 8시간 잘 때는 아무리 자도 찌뿌드드한 게 잠이 모자랐는데 용맹정진을 열흘인가 하고 나서는 단 5분만 자고 나도 정신이 맑아져서 평생에 느끼지 못하는 그런 깨끗한 기분을 느낄 수 있습니다.

그런데 그렇게 한번 욕구를 참고 역행을 하자 마음먹고 하다가도 잘 안 될 때 좌절감을 많이 겪는 것 같아요.

그건 자기 심지가 약해서 그렇지요. 그런 것을 무슨 역행이라 하겠습니까? 조그마한 달팽이 풀만한 신심을 발휘했다가 그게 제대로 안 된다고 주저앉아 버리고 탈선한다는 것은 그 사람의 자격이 모자라는 것이지, 뭐 안일하게 일이 쉽게 되겠습니까?

잘못된 유약한 정신으로는 참선이든 포교든 일반 세상사든 아무것도 안 됩니다. 그러니까 견고한 원력과 세상의 모든 이치를 잘 배우고 알아서 그 마장에 넘어 가지 않고 거기에 정복되지 말고 자기가 스스로 그러한 모든 허물을 정복해 나갈 수 있는 결심과 노력이 필요한 것이지 다른 방법이 있을 수 없습니다.

노력이 부족하고 업력이 중하면 그 업력에 팔려서 일을 추진해 나가는 힘이 없게 됩니다. 그것은 원력과 신심이 부족한 것이지요. 그렇기 때문에 발심해서 자꾸 부처님 말씀을 듣고 배워서 스스로 격려해야지요. 또 어쩌다가 해태심이 나면 선각자를 찾아가 지도를 받아 가면서 자꾸 경책해 나아 가야 합니다. 다른 우연이나 기적이 있어서 공부가 되는 것은 아닙니다. 업력에 져서는 안 됩니다. 스스로 업력을 극복해 나가는 지혜가 항상 뒷받침되어야 합니다.

세상사도 그렇습니다. 무얼 하다가 실패하고 안 되면 좌절하거든요. 그럴 때일수록 새로 용기를 가다듬어서 다시 또 추진하고 그렇게 정진해야 성공하는 것이지요. 한 번에 좌절해 버리면 낙오자가 되어 버립니다. 백절불굴의 용기가 필요합니다.

생사를 초월해야 역행이지

스님께서 젊었을 때 역행을 하셨다고 들은 일이 있습니다. 그것이 어떤 도움이 되었는지, 또 저희에게 권할 만한 것은 무엇인지요?

나는 역행한 게 별로 없어요. 역행이란 완전히 도를 이뤄서 하는 것이지요. 옛날에 경허 스님 같은 분이야 역행을 많이 하셨지요. 한 예를 들면 선방 수좌들 한 20명이 정진을 하는데 음식도 잘 못 먹어 힘이 없고 앉아 졸고 있으니 '이래 가지고 공부는 안 되겠다.'라고 생각해서 백정한테 가서 백정을 스님의 상좌로 삼을 테니까 고기를 하루에 열 근씩인가, 일주일에 열 근씩인가 바치라고 했어요. 그때는 고기 잡는 사람은 아주 천민이었거든요.

그 백정이 아, 경허 스님 같은 훌륭한 어른이 상좌 삼는다니 얼마나 좋겠어요? 그래 그러자고 해서 좋은 고기를 달라는 대로 주었어요. 그것을 받아 끓여 가지고 수좌들에게 주면서 "이 고기라도 받아 먹고 정진을 다부지게 해라. 그렇게 맥이 없어서야 어디 성불하겠느냐."라고 하신 어른이지요.

한번은 경허 스님이 길 가다 어느 집 며느리에게 바짝 다가가서 귀를 쥐고 입을 쪽 맞춘 적이 있지요. 그 집 식구 모두 있는 데서 말이지요. 그러니 모두들 야단이 날 것 아니겠어요. 식구들이 모두 달려와 막 두들겨 팼어요. 그러다 사람 죽이면 법에 걸리겠다 싶어 가마니때기에 두르르 말아 가지고 자기 집 장 위에 얹어 놓았어요. 밤사이에 가서 묻으려고요.

얼마 안 돼서 서울에서 사람들이 고기 사러 와서 고기를 흥정하다 그 장 위에 둘둘 말아 놓은 것이 큰 고기 같아 보였던지 자꾸 보자고 하는 바람에 들켰어요. 풀어 보니 피투성이가 된 사람이 죽은 것 같았거든요. 그래 야단났는데 만져 보니 아 아직 따끈따끈한 거라. 그래 치료해서 깨어 났어요. 깨어나 가지고 절에 돌아왔는데 수자들이 보니 그 몰골이 어땠겠어요? 사람들이 놀라서 "스님, 어디 갔다 왔나요?"라고 하니까 "아따, 해평에 갔더니 바다 바람이 억세게 불어서 이렇게 되었다."고 했답니다.

그렇게 역행을 했지요. 두들겨 맞는 것도 많이 하고……. 죽음과 상관없는 경지에 이르렀다는 말이지요.

또 한번은 젊은 청년이 지나 가고 그 뒤로 여자가 참을 머리에 이고 가는데, 그 여자의 귀를 잡고 입을 맞춘 것이라. 무슨 입을 맞추고 싶어서 그랬겠어요. 그게 역행이지요. 그러니 마을 사람들이 괭이 자루를 들고 '이놈의 중'이라고 욕을 하며 막 두들겨 팼지요. 하도 두들겨 패니 그만 다 죽게 된 것 같아 한 노인이 말리며 '아, 대사 죽는다. 그만 때려라.' 그러니까 경허 스님이 도리어 역정을 내며 '그놈의 영감, 여자 입맞추고 그만치도 안 맞아!' 하며 야단을 쳤다고 합니다. 역행하는 이치란 자기가 생명을 집어던질 수 있는 경지에서 하는 것입니다.

나도 젊었을 때 고행을 좀 했지요. 또 거지굴에 들어가 밥도 얻어먹고 동냥도 하고 그랬지만 그것이 무슨 역행은 아닙니다. 역행이란 생사를 초월한 사람이 하는 것이지요.

만공 스님 같은 분은 고름이 나고 피가 흐르는 문둥이 여자를 얼싸안았습니다. 여자 안았다고 해서 그이가 무슨 여자 안고 싶은 생각했겠냐 그것이지요. 고름이 터진 여자를 안고 뒹군다는 게 말이에요, 그게 여자가 아름다워서 했겠냐는 거지요. 생각해 봐요. 죽고사는 데 상관이 없었기 때문에 그런 역행을 한 것이지요.

고행은 하셨다고 말씀하셨는데 젊은이들이 이 정도의 고행은 한번 해 보는 게 좋겠다 하는 것이 있다면 무엇일까요?

그런 것은 없어요. 그런 경계야 스스로 얻어져야지요.

요즘 같은 어지러운 세상에는 정진하는 사람도 귀합니다. 정진만 해도 좋은데 뭐 그런 고행이니 역행이니 찾을 필요 있겠어요? 생사를 완전히 해탈하기 전에는 역행이란 있을 수 없습니다. 그냥 성성하게 24시간 탈선 안 되게 조용히 수행하는 것도 여간 용기 갖고 되는 것이 아니거든요.

생각만 잘못 일으켜도 어긋나는 것이 이 공부입니다. 소승계에서는 뭐를 안 하는 것, 가령 계행을 파하지 않는 것, 말하자면 살생하지 말라 하여 생명 안 죽이면 불살생계를 파한 것이 아닙니다. 또 몸으로 음행 안 하면 그건 불사음계를 파한 것이 아닌데, 대승계에서는 생각만 일으켜도 파계가 됩니다. 생각 냈다는 것이 벌써 파계다 이 말이지요. 마음이 항상 청정하게 집중되면 지키는 것이고 마음이 흘러 가면 파계입니다. 내가 남의 좋은 물건 보고 '아, 그것 가졌으면 좋겠다.' 하고 생각을 일으켰다면 도적인 것입니다.

젊은이가 역행하고 고행하는 것은 쉽지 않습니다. 공연히 공부에 방해가 되기 쉽습니다. 역행은 아무나 하는 것이 아닙니다.

경허 스님 역행한 이야기 하나 더해 줄까요? 경허 스님이 한번은 명주 널어 놓은 것을 보고 그놈을 걸망에 집어 넣고 백주에 도망을 갔어요. 다들 보는 백주에 도망을 가니 잡힐 것 아니오, 도둑놈이 명주 넌 것을 훔쳐 갔다고. 그래 경찰서로 잡혀 갔는데 마침 경찰서장이 불심이 있는 인물인데 아무리 봐도 도적할 사람이 아니거든요. 하는 태도가 보통 사람이 아니라. 그래서 은근히 진리에 대해 물어 보니까 그 말씀이 번뜩이는 것이 깜짝 놀라게 깨우쳐주는 것이 있었어요. 그래 자기 방으로 모셨어요. 왜정 때 경찰서장이라 하면 그건 뭐 아주 권위가 대단한 것이었거든요. 아이들이 순사 온다 하면 울음을 그칠 정도였는데 경찰서장이라고 하면 더 말할 게 있겠어요. 그 서장이 대화를 해 보니 이 양반이 참 도인이거든. 그래 자기 사택에 모셔 놓고 잠깐 집무 보러 간 사이에 노장이 그 집 금고를 털어 가지고 달아나 버렸어요. 서장이 집무를 마치고 와 보니까 금고를 다 털어 가고 없어진 것이라. 그런데 그때 서장은 돈은 상관 안 하고 도인 하나 잃었다고 안타까워했다는데 모든 것을 초월했기 때문에 그렇게 할 수 있었던 것이지요.

또 한번은 아이들이 노는 데 가서 '너희들 날 때릴 재주 있으면 때려 봐라. 나를 때리면 내가 과자 사 먹을 돈, 엿 사먹을 돈 준다.' 그랬거든요. 그러니 아이들이 우 몰려 와서 주먹으로 쥐어

박고 막 두들겨 팼어요. 두들겨 맞으면서도 가만히 있었는데 얼마만큼 때린 후 아이들이 다 때렸으니 과자 사 먹을 돈 달라고 그러니까 스님은 "너희들 나 때렸냐? 난 한번도 맞은 일이 없다."라고 하신 것이라. 아이들은 과자 사 먹을 돈 안 주려고 그런다고 난리였지요. 그래 웃으며 여기 과자 사 먹을 돈 있다며 주고 떠났다는 이야기도 있지요.

스님의 경계에서야 그 몸뚱이 껍데기 때린 것은 때린 것이 아니거든요. 그러나 그것이 어디 아이들에게 통하겠어요? 경허 스님은 그런 역행을 많이 하고 다니셨지요. 그런 것을 제대로 공부도 안 된 사람이 흉내내다가 맞아 죽어서야 되겠어요?

물론 보통은 고통을 받을 때 공부가 잘 되지요. '기한飢寒에 발도심發道心이라', 춥고 배고파야 인생이 뭔지 생각하지 등 따습고 배부르면 도를 공부하기 어렵지요. 호강하고 잘사는 집 사람들은 도 닦는 공부 안 합니다, 우선 잘사는 것에 빠져 가지고. 그래 항상 내가 사형대에 섰다는 그런 정신이 아니면 공부가 안 됩니다, 이 세상은.

죽음은 생 감도 빠지고 익은 감도 빠집니다. 젊었다고 몇 해 더 산다는 것을 누가 보장하느냔 말입니다. 지금 청년이 나보다 먼저 죽을지도 모르는 것입니다. 그렇게 생사가 급한 줄 알아야 탈선 안 하고 공부합니다. 등 따습고 편안하면 공부할 생각이 안 납니다. 내가 천 년 만 년 살 줄 알거든요. 앞집의 김 보살도 죽고 뒷집의 박 보살도 죽고 옆집의 말도 죽고 황소도 죽지만 자기는 천 년 만 년 살 줄 압니다. 다 자기 착각이지요.

나고 죽는 경계에서 그것을 해결해야 합니다. 그것을 해결하는 것이 공부입니다. 아무리 잘 믿고 잘 수행하고 대접받아도 결국은 다 죽습니다. 죽는 문제가 가장 큽니다. 다 허깨비입니다. 감투를 쓴들 뭐할 것이며 명예가 아무리 높은들 뭐할 것이며 건강이 아무리 좋으면 뭐할 것이며 보배를 잔뜩 쌓아 놓으면 뭐할 것입니까? 자기 죽을 때 다 끝나는 것 아닌가요? 그런데도 거기에 매달려서 별짓을 다 합니다. 그래서 죽은 후에도 정신없이 가는 것입니다. 그렇게 정신없이 가서 되겠느냐, 정말 자기 인생을 찾아야 될 것 아니냐, 이것이 부처님 가르침 아닙니까?

한 달 안에 죽는다고 생각하면 오직 죽음에 대한 문제만 남습니다. 그러면 망상이 딱 끊어지지요. 그런 식으로 다부지게만 한다면 성불하는 게지 못할 게 뭐 있어요? 정말 부처님의 가르침대로 정진해서 자기를 찾아야 합니다.

처음 낸 마음이 중요하다

출가하는 사람의 마음가짐에 대해 말씀해 주시기 바랍니다.

한마디로 말하면 결심이지요. 초지일관初志一貫이라, 처음 낸 마음이 중요합니다. 그 결심을 놓치지 말아야 합니다. 출가할 때 보통 마음으로 아 이거 뭐 세상만사가 지겹고 살아 갈 능력이 모자라니까 그저 출가나 해 보자는 것은 미적지근해서 출가의 목적을 달성하지 못할 뿐만 아니라 세상 오욕락에 빠져 사는 것도 아니고 어리벙벙하게 살게 됩니다.

출가의 본래 뜻을 간직하고 초지일관으로 항상 처음 생각을 살려서 정진해야 합니다. 그렇게 해야 그 노력이 쌓여 본래 정신을 얻어 가질 수 있는데 그렇지 못하고 마음의 결심을 잃으면 그 길이 옳게 될 수 없지요.

 항상 처음 낸 마음을 지켜 보며 견고하게 다지는 노력이 필요합니다. 말하자면 번뇌망상과의 전쟁이거든요. 부단히 노력하는 자세를 놓쳐 버리면 마구니가 침범해 들어 옵니다. 창에 틈만 있으면 바람이 들어 오고 천장에 틈이 있으면 비가 새듯이 우리의 마음에 틈이 나면 다생에 익힌 온갖 나쁜 업이 새어 들어 옵니다. 그러니까 이 출가 수행이란 항상 염념발심으로 생각과 마음을 다져서 잡념이 들어 오지 못하게 하는, 그야말로 피맺히는 투쟁이지요.

결심이 중요하다고 하셨는데 결심을 한다고 해도 자꾸 흔들리기 때문에 수행을 하는 것이라고 생각합니다. 처음 결심을 굳히기 위한 특별한 수행법이 있는지요?

 모두 나쁜 습관을 이미 많이 익혔기 때문에 나쁜 것은 안 배우고 안 하려고 해도 자꾸 빠져 들어 가고, 좋은 일은 하기 힘들지요. 그래서 참으로 남다른 용기를 가지고 노력해야 하는 것입니다. 그것이 내 힘으로 안 되면 부처님의 경과 율과 과거의 여러 도인들의 업적을 다 살피고 참조하는 것이 필요합니다. 그러면 문득문득 용기가 나게 됩니다. 그러면서 부처님 앞에 가서 기도

도 하고 육체를 통해 절도 하고 눈물을 뿌려 가며 몸부림치는 것입니다.

어쨌든 그렇게 자꾸 노력해야 합니다. 저절로는 안 됩니다. 사람에 따라서 어렵지 않게 수행하는 사람도 더러 있지만 그것도 오랜 세월 익혀서 되는 것이지 하루아침에 되는 것은 아니거든요.

수행하는 사람은 시시각각 스스로 경책하고, 과거의 도인들이 닦아 간 행적을 더듬어서 자신과 싸워 이겨야 합니다. 저절로 이루어지는 것이 아닙니다. 정진을 잘 하여, 다부지게 열심히 노력함으로써 큰 것을 얻게 되는 것입니다. 모든 것은 인과의 원리대로 내가 한 것만큼 얻어지니까요.

무상을 뼈저리게 느끼고 자꾸 노력하는 길밖에 없습니다.

절 집안의 청년들은 보통 석가모니 부처님의 출가를 이야기하면서 '세상사를 겪어 보고 출가를 해야 미련이 끊어져 제대로 도를 이룰 수 있다.' 라고 하는 경우가 참 많거든요.

그런 사람들은 영원히 출가 못 할 사람들입니다. 왜냐 하면 다생에 걸쳐 그 경험을 한없이 해놓고도 아직도 미련이 남아 있어 하는 말이니까요. 미련을 끊지 못하고 계속 오욕락에 빠져 있고 싶다는 소리는 그것이 좋은 줄 아는 것이니 그만큼 탁하다는 소리입니다.

오욕락에 빠지면 영원히 나고 죽는 구덩이에서 헤매니까 그곳에서 빠져나오라고 부처님께서 가르치신 것이지, 세상 사람이 좋아하는 것을 못 하게 하려는 것은 아닙니다. 할 짓 다 하고, 그것이 아직도 좋다며 성불을 무슨 오락 조로 심심해서 한다는 것은 성불할 것 없다는 소리와 똑같은 말입니다. 마치 술 취한 사람이 술 깨는 것이 싫어 자꾸 술 마시는 것과 똑같은 이치입니다.

그런 이치를 알고 있기는 하지만 습 때문에 자꾸 끌려 가는 경우가 있거든요.

습 때문에 안 되기도 하지요. 아편 중독도 습 때문에 자꾸 하는데, 그러나 그 습은 나의 본성이 아닙니다. 지혜가 있는 사람은 달관해서 아닌 줄 알고 끊어 버리지만, 지혜가 없는 사람은 자기 습관을 못 이겨서 자꾸 그 습에 끌려들어 가지요. 그래서 중생이 해탈하기 힘든 것입니다.

그 습을 쉽게 끊는 방법이 없겠습니까?

자기 용기지요. 자기가 하고 있는 게 할 일이냐 안 할 일이냐 판단해서, 해서는 안 될 일은 하지 말고, 할 일이면 자꾸 하면서 자기 생각이 바로 서야 해요. 그리고 할 일인지 안 할 일인지 갈피를 못 잡으면 법문을 듣든지 경을 보든지 해서 정신차리고 자기를 바로 세워야 합니다.

청춘이 만날 푸르게 있는 게 아닙니다. 오욕락이 좋아서 다 해 보면 한참 혈기 왕성할 때 즐거움이지, 몇 해 지나면 맥이 다 빠져서 공부할 힘을 잃어 버려요. 몸뚱이를 잃어 버리면 개가 될지, 소가 될지, 귀신이 될지, 뭐가 어떻게 될지 모르는 일이지요. 다시 말하지만 습에 이끌려 하고 싶은 것을 해 보고 공부한다는 그 소리 자체가 보통 병든 소리가 아닙니다. 그야말로 미혹한 얘기지요.

불자들 가운데도 그런 생각을 하는 사람이 많이 있는 것 같습니다.

불자들이 그런 소리한다면 더욱 넋빠진 소리지요. 인간이 자기 마음대로 오욕락을 누린다 해도 몇 해나 누릴 수 있겠습니까? 당장 탈이 나서 내일 죽을지도 모르는데요. 하긴 10년 산다는 보장만 확실히 있어도 그렇게 살 수 있겠지요.

예전에 여덟, 아홉 살 먹은 아이가 조실 스님한테 "저도 선방에 공부하러 가겠습니다." 하니까 "네가 시봉하기 귀찮으니까 선방에 공부하러 간다고 그러는구나, 안 된다."라고 했어요. 그러자 아이는 절을 하고 꿇어앉아 "스님, 제가 죽을 날 좀 가르쳐 주세요." 하고 물었어요. 아무리 어린아이라고 자기가 언제 죽을지 모르는데 시봉만 하고 있을 수 없으니, 죽을 날 가르쳐주면 몇 해 동안 스님 시봉하고 나서 공부하겠다는 소리지요. 그 소리에 조실 스님께서 꼼짝 못 하고 허락했다고 합니다.

언제, 어떻게 죽을지 아무도 모르는 일입니다. 앞으로 80년, 100년을 더 살지, 오늘 죽을지 내일 죽을지 장담 못 해요. 대들보가 무너져 죽을지, 지진이 나서 건물이 내려앉아 죽을지 모르는 일이지요.

부처님께서, "생사가 어느 사이에 있느냐?"라고 물으니까 한 사문이 '생사일식경生死一食頃' 즉, 밥 한 끼 먹는 사이에 있다고 대답하니, "니는 내 껍데기를 알았다."라고 하셨어요. 또 다른 한 사문은, 한번 들이쉬고 내쉬는 호흡지간에 있다고 대답했는데 그를 보고 부처님께서 "너는 내 뜻을 알았다."라고 했지요.

우리의 생사가 그러할진대, 10년 산다는 보장만 있다면 장가도 가보고, 방탕하게 놀아도 보고, 감투도 한번 써 보고, 남은 기간은 공부한다고 하겠지만, 꼭 10년 산다는 보장을 누가 해 줄 수 있겠어요. 한번 밀어 버리면 어디 가서 떨어질지 모르는 게 우리들 인생입니다.

  10년 동안 살아 보고 공부하겠다는 어리석은 소리를 하는 사람은 10년 지나면, 또 10년 더 연기하려고 하며 끝없이 만족할 줄 모릅니다. 이 세상의 오욕락이라는 것은 절대 만족이 없는 것이라, 목마를 때 소금물 마시는 것 같이 마실수록 갈증이 더 할 따름입니다. 진정 공부하려는 사람은 오욕락을 털어 버리는 용기를 내어, 그것이 영원하지 않다는 것을 알고 해야지, 세상사 다 해 보고 한다는 소리는 정신있는 사람이 할 소리가 아닙니다.

불교가 어렵다는 생각이 병

　참 나를 보기 위해서는 생활이 산만해서는 안 될 것 같은데 도시에 살면 어쩔 수 없이 산만해집니다. 그래서 책 한 권 읽을 시간도 제대로 마련하기 어렵습니다.

　산만하고 어지러운 곳에서 불교를 활용 못 하면 불교가 아무런 가치가 없지요. 주위가 산만하고 어지러울수록 더욱 부처님의 교훈이 필요합니다. 본시 그런 모든 어지러운 것이 없다면 부처님 뜻이 어디 사용될 때가 있겠습니까? 조용한 곳에서 따로 시간을 내어 독서를 많이 한다고 무슨 세계가 열리는 것이 아니라 바로 산만한 그때, 그 마음을 돌이켜 보아야 합니다.
　우리 마음은 항상 빛나고 있거든요. 어지러운 때일수록 정신을 차릴 필요가 있습니다. 어지럽지 않고 본시 편안하면 무슨 부처님 말씀이 필요하겠습니까? 아무리 이 세상이 혼탁해도 정신 한번만 돌이키면 바로 청정무구한 그 자리가 열립니다. 무슨 책을 보고 허둥대고 바깥으로 찾아서 열리는 것이 절대 아닙니다. 자기 마음 하나 탁 돌이키면 그곳에서 영원히 빛나는 경전이며 모든 서적이 쏟아져 나오는 이치가 있습니다. 부처님께서는 바로 그것을 깨우쳐주신 것입니다.

산중에서 2, 30년 정진해도 견성하기가 어려운데 세속에서 처자와 살면서도 견성할 수 있을까요?

본시 공부는 처소가 따로 없는 겁니다. 산중에 가 있어도 용기가 없으면 세상의 번뇌망상이 죽 끓듯이 끓어 올라서 공부하기 힘든 것이고, 세속에서도 껍데기는 모두 다른 세속인과 같이 처자권속을 데리고 몸뚱이 갖고 살지만, 마음이 물들지 않으면 공부를 잘하는 것이지요. 마음을 철저하게 간직해서 노력하는 것이 중요하지 몸이 산중에 있고 들에 있고 하는 것은 문제가 안 됩니다.

그래도 한편으로 인간이라 하는 것은 공기 맑고 좋은 데 있으면 저절로 상쾌하고, 뒷간이나 고약한 냄새나는 곳에 있으면 기분 나쁘듯이 산중에 조용히 있으면 마음 다듬는 힘이 더 상쾌하고 부담이 적고, 복잡함 속에 있으면 아무래도 신경을 써도 더 써야 되겠지요.

그러나 냄새나고 고약한 곳이라도 마음을 가다듬어 움직이지 않으면 그런 냄새가 나한테 침범 안 해요. 뒷간 치는 사람도 마음을 딱 정돈해서 더러운 것을 초월해서 치우면 더러운 걸 만져도 흔들림 없고, 산중에 공기 좋은 데 있더라도 온갖 과거의 나쁜 습관을 가지고 불평하면 그 사람이 추한 것이지요. 꼭 껍데기 가지고 이렇다 저렇다 결정적으로 말할 건 없습니다.

세상에 있는 사람으로서 산중에 있는 사람보다도 더 빨리 성취한 사람도 있잖아요? 좋은 환경에 공부합네 하면서도 뼈아프게 공부하지 않는 사람보다는 처자에 끄달려서 공부 못 하는 게 한스럽다 하여 뼈아프게 노력하여 더 먼저 성취할 수도 있습니다.

그러니 공부는 그 마음에 있는 것이지 주위 환경이 좌우하는 것은 아니라는 말입니다.

그렇다 해도 수행하는 데 출가자와 재가자 사이에는 차이가 있을 것 같습니다.

수행에 무슨 차별이 있겠습니까만 출가자는 주위 환경을 툭툭 털어 버려서 공부하기가 좋고, 재가자는 처자권속과 더불어 세상에서 사니까 얽히는 방향이 많아 공부하는 데 힘이 들 뿐이지, 무슨 차이점이 있을 수 없어요.

　재가자는 그런 생활 속에서 살되 생활을 뚫고 나가면서 정신을 잃지 않아야 합니다. 그렇게 화두하는 사람은 화두를 하고, 마음을 참구하는 사람은 마음을 찾고, 염불하는 사람은 염불하면서 그런 어지러움 속에서 놓치지 않고 맹렬한 정진을 해야 하겠고, 출가자는 그래도 공부하기 좋은 환경을 만들어 놓았으니까 힘이 좀 덜 들고 같은 힘으로 훨씬 더 쉽게 나아 갈 수 있는 좋은 장점이 있어요. 그러니 굳이 차이점을 말한다면 재가자는 어지러움 속에서 하니 노력과 힘이 더 든다는 그런 차이가 있지요.

　부처님께서는 수행하는 사람들에게 금욕과 채식을 크게 강조하셨는데 그 연유가 무엇인지 알고 싶습니다. 반면에 본래 모든 것이 다 공空한데 금욕과 채식이 수행에 무슨 의미가 있느냐고 주장하는 분들도 있는 것 같습니다.

　그런 주장은 말도 안 되지요.
　그러나 도를 다 이룬 사람한테야 무슨 법이 필요하겠습니까? 완전한 도를 이룬 사람에게는 아무 법도 필요하지 않아요. 병이 있어 약을 쓰듯이, 중생을 성불하게 하기 위해서 모든 법이 생긴 것입니다. 법을 위해 법이 생긴 것은 아니지요. 한번 생각해 보세요. 내가 어느 것에도 구애받지 않으면 수행할 필요가 없잖아요? 모든 경계에 구애를 받기 때문에 수행하려는 것입니다.

수행하는 데 있어서 채식은 아주 중요합니다. 채식을 하면 남의 생명을 해치지 않으니까 선해지고 피가 맑아집니다. 생명은 큰 것이나 작은 것이나 다 살기를 좋아하고 죽기를 싫어합니다. 아무리 미물일지라도 죽음은 싫어해요. 개미나 벌레들도 찌르면 움찔합니다. 모든 만물이 천하하고도 바꿀 수 없는 게 자기 생명입니다. 자기 몸보다 더 소중한 것은 그 어떤 것도 없어요. 그러니 아무리 사람이 크고 힘이 세다 해도 남을 못 살게 굴고 피눈물 흘리게 해서는 안 되지요.

고기를 안 먹으면 우선 생명을 죽이지 않는 것만으로도 악한 일을 안 하게 되는 것이지요. 악한 일을 되풀이하여 그 원성이 내게 돌아 오면 이로울 리가 없습니다.

일부에서는 식물도 생명체이기 때문에 육식이 문제가 된다면 채식도 문제가 있지 않느냐고 합니다.

식물도 생명체이기는 하지만 가지를 꺾는다고 통곡하고 두 다리를 뻗지는 않지요. 모든 중생이 찌르면 쩔쩔 매고 아파서 고통스러워 하지만 식물은 건드려도 그런 모습은 볼 수 없잖아요. 물론 신경초 같은 경우는 건드리면 오므라들기도 하지요.

옛날 어떤 비구는 들을 지나다 도둑을 만나 옷을 뺏기고 알몸으로 풀에 묶였는데 풀이 끊어질까 염려하여 뜨겁고 배고픔을 참으며 그대로 움직이지 않았다는 이야기도 있어요. 그러나 그 식물뿐만 아니라, 우리 몸 전체도 보면 전부 미세한 세균덩어리인데 그 생명체들 상할까 봐 우리가 가만히 앉아만 있을 수는 없겠지요.

계율 지키고자 부단히 애쓰는 정신은 살리더라도 우리네 일상생활에서야 너무 극단적으로 흐르면 안 되지요.

금욕이나 채식을 하지 않았을 때 왜 수행이 잘 안 되는지에 대해서 좀더 자세하게 말씀해 주세요.

모든 짐승이 죽을 때 "어서 나를 죽여주소."하고 흔쾌히 죽는 생명체는 하나도 없어요. 소도 도살장에 끌려 가면서 눈물을 흘리며 원한을 품고 죽는다고 합니다. 그렇게 눈물을 흘리고 원한을 품고 눈을 부릅뜨고 죽으면 독소가 생기게 되지요. 우리가 그 독소를 가진 고기를 먹으면 몸에 이로울 리가 없어요. 자연히 피가 탁해져서 뇌세포가 둔탁해지고 정신이 맑지 못하니까 결국 공부하는 데 손해가 됩니다. 그러므로 육식을 하면 몸에 불리하고 또 남의 생명을 죽이는 일이라 좋지 않으니 여러 가지 뜻이 있어 채식을 하라는 것이지요.

불교에서는 일체 중생이 모두 성불할 수 있다고 했습니다. 그렇다면 소수의 출가 수행하는 스님들만 부처가 될 수 있는 것이 아닐 것입니다. 세속에 사는 일반 사람들은 어떻게 닦아야 부처 되는 이 공부를 잘 할 수 있겠습니까?

본시 우리가 다 부처입니다. 부처 아닌 사람이 없습니다. 모두 부처이긴 한데, 맑은 거울에 먼지가 앉으면 빛을 발하지 못하는 것과 같습니다. 거울에 잔뜩 쌓인 먼지 때문에 광명이 나지 않을 뿐, 거울 속의 광명은 조금도 축나지 않습니다. 거울은 항상 광명을 발하고 있으니 바로 거울 위의 먼지만 털어 내면 본래 광명이 그대로 드러 납니다. 마찬가지로, 우리 중생들도 절대 평등한 부처 자리를 다 갖고 있으면서도 그 자리를 깨닫지 못하고 중생으로 살고 있지요.

바로 그 한 생각 깨달으면 부처 자리가 나타 나니, 누구든지 깨달을 수 있습니다. 몇 달 걸려 깨닫는다, 몇 해 걸려 깨닫는다 하는 것이 없어요. 잠시 앉아 얘기하고서도 깨닫는 방법 얻어서,

말 한마디에 금방 깨달을 수도 있습니다. 오히려 승려의 경우는 승려라는 자리 때문에 일반 사람보다 깨닫는 데 더딜 수도 있습니다. 왜냐 하면 승려는 남을 가르치자니 오히려 팔만 사천 여러 가지 복잡한 것을 다 배워야 하거든요. 그러자니 학문에 팔리어 자기 수양에는 등한할 수 있지요.

뭐와 같은가 하면, 유능한 의사가 되려면 밤잠을 안 자며 수십 년 동안 의학을 공부해야 되는데, 정작 의사라고 반드시 건강하지는 못한 것과 같습니다. 오히려 의학 공부한다 하여 의사가 더 골골하고 쉬이 죽을 수 있지요.

하지만 몸이 약한 의사라 해도 남의 병 고칠 자격이 없는 것은 아닙니다. 의사가 명의가 되기까지는 수 십 년 동안의 전문적인 연구가 쌓이지 않고는 될 수 없습니다. 감기 하나 고치는 것도, 생리학이니 병리학이니 여러 가지 지식이 있어야 고칠 수 있지, 하루아침에 알아지는 것이 아니거든요. 그렇게 많이 알고 있으니 세상 사람이 의학에 대해 전혀 몰라도 의사가 시키는 대로 몸을 맡기기만 하면 병이 나을 수 있는 것입니다. 승려 또한, 남을 가르치자니 팔만 사천 법문을 다 배워서 모든 이론에 밝지 않으면 안 되지요. 어떠한 이론에도 막히면 남을 가르칠 자격이 없는 것이거든요.

처음 절 찾아온 사람이라 해도 몇 마디 주고받는 가운데 홀연히 깨치기도 합니다만, 공부한다고 산중에 오래 있던 사람이 오히려 공부가 시원찮을 수도 있습니다.

의사가 의학에 팔려 건강을 그르칠 수 있듯이 불교학에 팔리면 자기 공부에 있어서는 오히려 손해가 됩니다. 오히려 불교교리 하나도 모르는 사람의 마음이 더 단순하니까, 한마디만 듣고서도 그대로 따라 하면 견성하기 쉽다고도 할 수 있지요.

포교하는 것도 그래요. 승려나 학자들만큼 체계적으로 많이 아는 게 아닐지라도, 이 세상철학이나 불교철학 등을 한 시간이나 두 시간 얘기해도 알 수 있기도 합니다. 그래서 납득이 가면 '아, 그래야 되겠구나.' 해서 자기 마음 살피면 견성할 수 있습니다. 견성하는 데 무슨 시간이 필요하지 않습니다.

받아 들이면 불교처럼 쉬운 것이 없는데 중생들은 어렵다며 불교를 외면하고 아예 할 생각도 안 합니다. 이것이 병이에요. 자기에게 있는 마음을 닦는 것인데 그 간단한 것 내버리고, 불교는 산중의 승려나 하는 것이라 여기는 그 사람들의 생각이 병든 것입니다.

지식적으로 많이 안다고 좋은 것이 아닙니다. 오히려 그런 사람은 여러 가지 생각으로 흐트러지기 쉽기 때문에, 그 흐트러진 생각을 하나로 집중시키도록 해야 합니다. 화두를 하나 들든지 아니면 주력을 하든지, 또 절을 하든지 이렇게 하나씩 뚫고 들어 가는 방법을 실천해 보아야 합니다. 그렇다고 법문을 듣지 마라는 의미가 아닙니다. 법문을 들어서 방해가 될 것은 없거든요. 방편이 다를 뿐 다 같은 소리니까요.

남의 이론에 안 팔리기 위해서는 광범위하게 가르침을 들어 보되, 중요한 것은 자기 스스로 행해야 한다는 것입니다. 요리 강의를 날마다 듣고 요리법을 아무리 외운다 해도, 실제로 음식을 만들지 않으면 무슨 소용이 있습니까? 수천 가지의 요리 중에서 어느 한 방법을 택하여 하나라도 그대로 만들어 먹을 때, 비로소 목적이 달성될 것 아니냔 말입니다. 그저 요리법이나 익히려고 하지 말고, 실질적으로 자기가 체험하는 것을 일과로 갖도록 노력해야 합니다. 듣는 것만으로는 곧 잊어 버리니, 스스로 행해 만족을 얻어 보아야 압니다.

자기 생활은 별로 혁명이 없고 그저 절에 시주하며 수행은 안 하니, 마음쓰는 것이 불교 믿는 사람이나 안 믿는 사람이나 같습니다. 성나면 성내고, 부아지르면 부아내고 무슨 차이가 없지요.

수행 안 하면, 아는 것도 아무 효력이 없어요. 그저 막연하게 미신적으로 종교를 믿는 것밖에 안 됩니다. 자기의 실제 생활에 반영이 되어야 불교를 제대로 한 것이지, 복이나 빌고 하는 이들은 자기 뜻대로 안 되면 쉽게 흔들리고 다른 종교로 움직입니다.

그야말로 종일 요리법 읽어 봐야 자기 배는 안 부릅니다. 한 가지라도 자기 스스로 일과 삼아 하도록 해야 합니다.

한 번 실수로 다 무너지는 것은 아니다

동진 출가하여 수행을 잘 하시던 분 중에 너무 세상 경험이 없으셨다가 우연히 어떤 경계를 접해서 무너지는 모습을 보기도 합니다.

그것은 일종의 타락이지요. 아무리 좋은 옥이라도 흠이 생기면 그 옥은 빛을 잃어 버리지요. 그렇듯 아무리 평생 공부를 했더라도 공부가 옳게 성취되지 못하고 한 번 타락해 버리면 십 년 공부가 도로아미타불이라는 말도 있어요.

그러나 어쩌다 한 번 실수하는 것하고 내내 타락에 빠져 사는 것하고는 거리가 멀어요. 길을 가다가 흙구덩이에 몸 전체가 빠지는 것과 다리 하나 빠지는 게 같을 수는 없지요. 몸 전체가 흙

구덩이에 빠지면 끄집어 내기가 매우 어렵지만 한발만 빠졌을 때는 얼른 끄집어 내어 씻어주면 온전한 다리가 됩니다.

그래서 어쩌다 한 번 타락에 빠지는 것을 보고 전체 수행한 것이 효과가 없다고 볼 수는 없어요. 물론 실수 안 한 것만 못 하지만 한 번 실수했다고 해서 그 사람의 공부 자체가 다 무너지는 것은 아닙니다. 다만 문제가 된다면 공부는 육체와 정신을 의지해서 하는데, 그런 행동을 함으로써 우선 탁해지니까 공부의 진척이 약해진다는 것이 문제겠지요.

공부하는 데 있어서 계는 삼학의 근본입니다. 계를 지키면 마음에 안정이 옵니다. 중생들이 혼탁한 것은 오욕락 때문인데 그 오욕락을 쉬게 하는 것이 계행이지요. 오욕락을 쉬면 모든 정신이 정확한 상태로 돌아 오고, 그때 안정이 되지요. 정혜쌍수定慧雙修라, 안정이 되면 지혜가 비칩니다. 계행 위에 정혜가 생기는 것이지요.

그래서 승려라 함은 무엇보다 계행을 지키는 사람을 말하고 승려라는 말 자체에 이미 계가 포함되어 있지요.

부부 관계에 대한 욕정도 색욕으로 보는지요. 만일 색욕으로 본다면 결혼 생활을 어떻게 영위해야 하는지요.

색욕은 색욕이지요. 다만 결혼해서 사는 사람은 그것을 떠나서는 가정을 이루지 못하지 않겠어요? 그래서 부부간에 정당하게 이루는 것은 정음正婬이라고 합니다. 그리고 자기 부인을 두고 다른 이성과 관계할 때 사음邪婬이라고 하지요.

그런데 본시 이 오욕락을 금한 이유를 알아야 합니다. 오욕락은 우리의 정신을 혼탁하게 하고, 도에 들어 가는 문을 좁게 합니다. 그러니까 오욕락을 구사하다 보면 도 얻기가 힘들다는 말입니다.

불교는 계戒·정定·혜慧 삼학인데, 계를 첫째로 뽑고, 그 계를 지킴으로써 정이 되고, 정이 됨으로써 혜가 이루어집니다. 그러면 색 경계를 범하면 공부가 안 되느냐 하면 꼭 그렇지는 않습니다. 옛날 마을에서 아들 딸 낳고도 유마 거사, 방 거사, 부설 거사 등 많은 거사들이 도를 이루고 살았습니다. 그러나 색욕이라는 것은 인간의 본능으로서 적당하게 취하면 공부가 되지만, 너무 범람하게 되면 피가 탁해져서 정신이 흐려지니까 공부가 잘 안 되지요. 그러니까 색 경계, 그 자체를 나무라는 게 아니라, 색 경계를 범하면 정신이 혼탁해지니까 도에 들어 가는 문이 좁아지므로 경계하라는 것이지요.

비단 색욕뿐 아니라 재물, 명리, 수면, 음식에 대한 오욕락을 가지고 사는 것이 중생살이입니다. 오욕락이 없으면 즐거움이 없다고 할 정도이지요. 다만 오욕락이 도에 장애가 되는지도 모르고 사니 도에 들어 가기가 어려워지지요. 안 된다는 것이 아니라 힘이 든다는 것입니다.

가령 술도 한 잔 마시고 취하는 것과 잔뜩 마시고 취하는 것은 다릅니다. 한 잔 마시면 오히려 기분이 좋아서 정신을 차리고 맑게 일할 수도 있는데, 많이 마시면 술 귀신이 되어서 어디로 가는지 몸도 못 가누고 곤드레만드레 정신이 없지요. 음식도 알맞게 먹으면 힘이 생기는데, 입맛이 당긴다고 잔뜩 먹어 놓으면 위장병이 생기고 체하고 식곤증이 생겨 아무것도 하지 못합니다. 모든 욕락이 다 그렇지요. 그러므로 우리의 욕심을 절제하는 생활을 하여야 합니다.

그래서 재가 생활을 하는 분들도 절제 생활을 해야 하는 것이고, 출가 대중은 전적으로 욕구를 금합니다. 왜냐 하면 출가 내중은 농사 안 하고, 장사 안 하고 바깥에서 재물을 얻어서 사니까 모든 사람의 복을 대신해서 짊어지고 사는 것이라 그만큼 책임이 중요하기 때문입니다. 만약 승려가 파계하면, 산문출송山門黜送이라 해서 승권을 빼앗고 절에서 내쫓아 버립니다. 그러나 이것은 승려의 규칙을 어겨서 수치스러운 일이라 행하는 것이지, 불교를 믿지 못하고 도를 이루지 못한다는 소리는 아닙니다. 마치 학교마다 규칙이 있어서 그것을 어기면 정학 당하고 퇴학 당하여

학생의 자격을 상실하는 것과 같이, 아무리 도가 높아도 승려의 규율을 어기면 승려의 자격을 상실합니다.

그래서 옛날에 원효 스님도 설총이라는 자식을 두었다 해서 스스로 낮추어 '복성 거사'라 이름 붙이고 돌아다녔지요. 원효 스님 당신의 분상에서는 도를 이루었으니 상관없지만, 후대 사람이 그대로 본따서 행동할 것이 염려되어서 거사 행동을 하신 것입니다. 원효 스님이야말로 대보살이고 훌륭한 도인이지만, 후대 사람을 경계하시어 자신은 승려가 아니라고 스스로 승단에서 물러난 것입니다.

우리의 모든 법은 어떠한 목적을 달성하기 위해서 있는 것이지, 법을 설하기 위해서 법이 있는 것은 아닙니다. 우리가 그물을 던지는 것도 고기를 잡기 위해서지, 그물을 던지는 것이 목적이 될 수 없는 것과 같습니다. 부처님 법은 도를 이루기 위해 만들어 놓은 것입니다. 그러므로 승려가 파계했다고 해서 도를 얻지 못하는 것이 아닙니다. 그러나 아무리 지식이 훌륭해도 규칙을 어긴 학생은 학교를 떠나듯이, 규칙을 어긴 승려는 승단을 떠나야 하는 것입니다.

수행하는 데 있어 부부 생활은 왜 도움이 안 됩니까?

의학적으로 우리 몸속의 백혈구는 세균 따위의 해독을 막아 건강을 지켜 줍니다. 이 백혈구는 사람의 정력이 작용하는 것에 따라 탁해지고 맑아지는데 정력을 소모할수록 탁한 백혈구가 생겨 정신까지도 탁해진다고 합니다.

그래 수행하는 데 색 경계가 가장 큰 마장이라, 색 경계가 다행히 한 개 있으니까 어쩌다 성불하는 것이지 그런 것이 두 가지만 있어도 성불할 수 있는 그림자가 끊어진다고 했어요.

계를 지킨다는 것은 맑은 정신으로 공부 잘 하려고 하는 것이지, 좋아하는 것을 못 하게 하려는 것은 아닙니다.

원시불교에서부터 수행자에게 독신과 금욕의 청정행淸淨行을 실천할 것을 강조하지 않았습니까? 그렇다면 과연 재가자들이 결혼 생활을 하면서 수행을 해나가려면 어떠한 마음가짐이 필요하겠습니까?

물론 결혼 생활은 수행에 큰 방해를 일으킵니다. 결혼 생활할 때 벌써 혈맥도 크게 뛰고 마음도 어지러워지는 변화가 일어납니다. 술을 한 잔 해도 벌써 뇌파가 크게 움직이고 혈맥도 자주 뛰는 것을 느끼잖아요? 이렇게 해害가 명백하지만, 만약 재가자들에게 모두 절대적인 독신 생활과 금욕을 강요한다면, 그 사람은 불교와는 거리가 멀어져 버립니다. 그래서 출가 수행하시는 스님은 일체 음행을 금하고, 결혼한 사람은 자기 배필 이외의 음행만 금하는 정음正姪까지는 허락하셨습니다.

고금으로 위대한 정치가나 학자를 봐도 청정한 생활 안 한 이가 없습니다. 정신이 건강할 때는 절대 욕락에 팔리지 않고 검박한 생활을 합니다. 신라의 부설 거사나 중국의 방 거사 같은 이는 세속에 살면서 처자권속 다 거느리고도 수행정진을 게을리 하지 않아 견성오도했지요.

사람들이 오욕락에 빠져 결혼 생활을 하니까 하지 말라 했지, 결혼 생활 자체가 도에 어긋난다는 원리는 아닙니다. 오히려 도를 배우려는 사람이 금욕 생활을 해도 생각 밑바탕에는 항상 번뇌망상으로 꽉 차 있다면, 깨달음을 얻는 데 있어서 장애가 될 수도 있습니다.

옛날 중국의 어느 재벌이 아주 얌전하고 율행 잘 지키는 스님을 찾아 내어 도인 만들 욕심을 냈습니다. 그래서 조그만 섬에 토굴을 지어 배를 띄워 드나들게 만들어 놓고는 전국을 다니다가 마음에 드는 한 스님을 찾아 내어, 3년 동안 공부 뒷바라지를 해 주기로 했습니다. 토굴은 무문관無門關식으로 철폐를 해서 출입을 못 하게 만들고 겨우 밥그릇 들어갈 만한 구멍만 뚫고서는 시집 안 간 딸이 시봉을 맡아 때 맞춰 공양 넣어주고 대변까지 받아 내었습니다.

　그러나 이런 극진한 뒷받침으로 3년 동안 멋지게 공부했는데도 스님은 견성오도를 못 했어요. 3년만 더 있게 해달라는 스님의 요구도 뿌리치며 3년 동안에도 성불 못 했는데, 그런 용기없는 인간은 더 오래 있어 보았자 소용없다고 내쫓았습니다. 그래서 다시 도인 될 만한 인물을 찾아 돌아다녔는데, 자기 눈에 차는 사람이 없는 거예요. 한 몇 달을 돌아다녔는데, 마지막으로 한 절에 들어 갔다 낙심하고 내려오던 차에 눈이 부리부리하고 아주 소도둑놈처럼 험상궂게 생긴 스님이 올라 오는 것을 보게 되었습니다. 그 모습이 하도 용기 있어 보여 붙들고 말씀드려 승낙을 얻었습니다.

　섬으로 돌아와 수행을 시작하는데, 딸이 공양을 들이미니, 처녀 손목을 잡아 끌어 들이는 겁니다. 그 딸이 참으로 해괴하다 하여 아비지에게 "어니서 소도둑놈을 데려다 앉혀 놓았습니까?"라고 이르니, 오히려 딸에게 호령을 했습니다. "네가 공부인工夫人을 시중한다고 작정했으면 절대 복종이지 무슨 잔소리가 많으냐." 그러니 그 딸이 더 이상 할 말이 없을 수밖에요. 그런데 그 스님은 이렇게 3, 4일 장난하다가 그후로는 딱 가부좌 틀고 앉아 요지부동으로 정진 하더니만 일 년도 못 가서 견성오도했습니다.

　그러니까 사람에게 허물이 있다 해서 그 허물이 뿌리박힌 것은 아니지요. 잠시 허튼 생각이 일어 나도 그 다음에 툭 털어 버리고 용기 있게 하면 일 년도 안 가서 견성할 수 있습니다.

「증도가證道歌」에 이런 구절들이 있습니다.

'어떤 두 비구가 음행과 살생 저지르니〔有二比丘犯婬殺〕
우바리의 반딧불은 죄의 매듭 더하여라.〔波離螢光增罪結〕'

두 비구가 심산에서 한 고개를 사이에 두고 양쪽에 각각 토굴을 지어 공부하고 있었습니다. 우리 중에 누구라도 먼저 견성하면 서로 이끌어주자고 약속하며 철저한 도반이 되어 열심히 정진하고 있었습니다.

어느 날 처녀들이 나물 뜯으러 산 속을 돌아다니다가, 한 처녀가 일행에서 뒤떨어져 그만 길을 잃었습니다. 어느새 날은 저물어 컴컴하여 불빛 좇아 인가를 찾으니 한 비구가 묵고 있는 암자였습니다. 길은 아득하고 겁은 나고 하여 하룻밤만 묵겠다고 청했으나 그 스님은 "산중에 어찌 남녀가 같이 있을 수 있는가."하며 거절했습니다. 할 수 없이 다른 집을 찾아 헤매다 다른 도반 스님네 암자로 가게 되었습니다. 이 스님도 처음에는 거절했지만, 처녀 사정이 워낙 딱한지라 수락했는데 결국 파계를 했습니다.

그 다음날, 처녀의 부탁을 거절한 비구는, 그 처녀가 자기 도반이 있는 암자로 건너 갔으니 어찌 되었나 걱정이 되어 가보았습니다. 역시 자기가 추측한 대로 그 처녀가 자기 도반을 파계시켰으니 얼마나 미웠겠습니까? 노발대발하여 그 처녀를 민 것이 본의 아니게 언덕 아래로 떨어져 죽게 만들었습니다. 이렇게 해서 한 비구는 음행을 저지르게 되었고 또 한 비구는 살생을 범하게 되었습니다.

"4바라이波羅夷 중에서도 음행과 살생이라는 무거운 죄를 지었으니 장차 우리가 어떻게 성불할 수 있겠는가."라고 고민하며 서로 붙들고 울며 한탄하다가 한 가닥 희망을 걸고 부처님 당시에 지계 제일로 일컬어지던 우바리 존자를 찾아 갔습니다. 우바리 존자는 그 말을 듣고, "너희들은 불통참회不通懺悔의 죄를 지었으니 참회할 길이 없다."라고 거절했지요. 이렇게 우바리는 계율에 의지해서 두 비구의 죄를 다스리려 했으나 그것은 작은 반딧불과 같은, 개똥벌레 같은 작은 소견으로 그들의 죄의 매듭만 더 키웠다는 소리지요.

'유마 거사가 단박에 의심을 없애줌이여[維摩大士頓除疑]
빛나는 해가 서리 눈 녹임과 같도다.[還同赫日消霜雪]'

그때 유마 거사가 지나 가다 타락지경墮落地境에 빠져 있는 두 비구를 보고서 한 마디로 의심을 풀어줍니다.

"너희들이 죄짓고 괴로워하는 그 마음의 뿌리를 내놓아라. 그러면 내가 곧 없애주마."

그런데 그 정체를 아무리 찾아도 모르니 내놓을 수 있겠습니까? 그래서 빛나는 태양이 서리와 눈을 녹인 것 같다 했지요.

음행이니 살생이니 하는 죄의 성품은 본시 자리가 없는 공적空寂한 것입니다.

그래서 『천수경』에서도

'죄의 자성 본래 없고 마음에서 일어난 것

〔罪無自性從心起〕

죄도 잊어 버리고 마음도 잊어 버리어 둘 다 공하면

〔罪亡心滅兩俱空〕

이것이 곧 참된 참회이다.

〔是則名爲眞懺悔〕'

라고 이치를 밝혔지요.

그렇지만 우리 중생이라는 존재는 항상 철저하지 못합니다. 흐리멍덩한 데서 문제가 있지, 칼날같이 예리하고 철저하면 경계에 빠져 흔들리는 법이 없지요. 그래서 이렇게 수행하는 사람은 '일초직입여래지一秒直入如來地'라고 합니다.

미지근한 것은 참회가 아니다

수행의 기본으로 참회가 필요하다는 이유는 무엇입니까?

우리 중생은 말로는 높은 이상에 그 가치를 두고 수행을 한다 하지만 그게 하루아침에 되는 게 아닙니다. 예를 들어 도박을 수십 년 익힌 사람은 하루아침에 그 습을 못 끊어요. 끊으려 하다가도 또 되돌아 오고 해서 잘 안되기 때문에 자꾸 노력을 해야 합니다. 그래서 성현 앞에 꿇어앉아 다시는 그러지 않겠다고 항상 참회해야 나중에 벗어 날 수 있습니다. '참회'란 한 마디로 뉘우침인데 그 참회가 공부의 문이지요. 그 문을 통해서 진리에 들어 가는 거지요.

그래서 수행하는데 있어 참회가 지극해야 발심도 굳고 원력도 확고히 세워진다고 들었습니다.

자기를 반성하는 맹렬한 태도가 참회거든요. '과연 내가 이렇게 살아서야 되겠는가. 뭔가 잘못된 것이다.' 라고 분명히 알아야 합니다. 참회한다는 것은 자신의 그 잘못을 돌이켜 보는 태도거든요. 잘못을 돌이켜 보고 이래서는 안 되겠다는 결심이 서야 합니다. 그냥 적당히 느끼는 것이 아니라, 성현에게 눈물을 뿌리면서 자기 잘못을 뼈저리게 느낄 때 좋은 방향으로 힘이 솟아 납니다.

그러니까 항상 참회해야 합니다. 하루하루 잠깐잠깐 지나 가는 자기 생활을 돌이켜 보는 그런 노력을 해야 합니다. 그것을 정진이라 하는 것입니다. 그러니 시시時時로 참회하고 시시로 용기를 북돋워서 용맹정진해야 합니다.

자기를 속이지 않는 것이야말로 수행이라 할 수 있는데, 남을 의식해서 자기를 속이는 쪽으로 행동하게 될 때가 있습니다.

본시 죄를 짓는 것이 나쁜 것이 아니라, 죄를 짓고도 숨기는 것이 더 나쁩니다. 사람은 다 죄를 지을 수 있습니다. 조금의 허물이라도 없는 사람은 없어요. 허물을 숨기려 하지 않고 툭 털어 놓을 때 그 사람에게는 죄가 없는 것이요, 그 허물을 감싸안고 발표 안 할 때 그 죄가 큰 것입니다. 허물을 내 마음에 담고 있을 때 벌써 고민이 일어나 마음에 구름이 끼게 됩니다. 허물을 마음에서 털어 버리면 먹구름 걷히니 그 마음이 얼마나 편하겠습니까? 마음에 구름이 끼는데 어떻게 도가 이루어지겠습니까?

허물 있음을 나무라는 것이 아니라, 허물을 숨기면 마음이 깨끗하지 못하기 때문에 참회가 중요하다는 것입니다. 수행자라면 항상 반성하고 참회하며 생활하여야 합니다.

저희들은 참회 기도를 많이 하고 있습니다. 그런데 조금씩 자신의 부족함을 마음으로 인정하게 되면서부터는 일종의 좌절감이 느껴져서 열심히 하려는 마음까지 덩달아 약해지기도 합니다. 이것은 참회가 잘못된 것인지요? 어떤 것이 올바른 참회 기도입니까?

참회가 되었다면 그것이 잘못될 수 없지요. 다만 참회를 해도 그것이 철저하게 하는 것이 있고 그저 가볍게 돌이켜 본 경우가 있겠지요. 예를 들면 늘 술 마시는 사람이 많이 마시면 실수도 하고 또 병도 생기고 좋지 않거든요. 그래 때로는 가만 돌이켜 보면

'아, 그것 내가 잘못했구나.' 라고 참회를 하게 되거든요. 그러나 용기가 없는 사람은 그런 경계가 닥치면 또 범합니다. 그러다 보면 자꾸 술벽이 생기고 그 다음에는 탈출할 용기도 없어지지요.

미지근한 그것이 옳은 참회가 될 수 없습니다. 한 번 잘못이다 하면 '다시는 내가 이것은 범하지 않겠다.' 라는 그런 뼈아픈 결심이 서야 합니다. 그렇게 확실히 결심이 서면 망설이고 할 것이 없어집니다. 뭐 그런 것이 저절로 우연히 되는 것은 아닙니다. 전부 자기 노력과 자기 결심이지요. 자기 마음에서 모두 묶어 세워되는 것이지 누가 해주는 것이 아닙니다. 그 사람의 용기 따라서 잘못을 뉘우치고 안 하는 사람도 있고, 몇 번 하다 또 돌아서는 사람도 있고, 아주 헤어 나지 못하는 사람도 있고, 그 정신 자세 여하에 있는 것입니다.

내 잘못을 진심으로 뉘우친다는 것이 참회입니다. 길을 가다 구렁텅이에 한 발이 빠졌다고 하면 속히 발을 끄집어 내야지, 가만히 처박힌 채로 둘 수는 없지 않겠어요? 인생을 살아 가다 발을 헛디딘 잘못을 범했다면 '아, 잘못했구나' 라고 깨달아 다시는 되풀이 안 하겠다는 결심을 할 때 살아 가는 힘이 새롭게 솟아나고 앞날의 빛이 보이며 현재의 위로가 되는 것입니다. 잘못했다고 하면서 그냥 주저앉아 버리면, 헤어 나지 못하는 구렁텅이에 빠져서 올라올 생각을 안 하는 사람과 다를 바 없습니다.

가령 눈이 충혈되도록 도박을 한 끝에 조상 대대로 내려온 토지문서까지 팔아 넘겼다고 합시다. 이때 진정한 참회라는 건 '아차, 내가 참으로 허황된 욕심을 부렸구나, 부처님 말씀대로라면 도박을 해서 남의 것을 얻으려는 건 도둑 심보인데 내 복을 감하고 내 인생을 망치는 짓인 줄 모르고 도박에 빠졌구나.' 라며 뼈아프게 느끼는 것입니다. 이렇게 자신의 잘못을 근본적으로 돌이킬 때 우선 내 마음이 깨끗해집니다.

진정으로 뉘우치는 참회가 있고 나면 이젠 저절로 복 짓는 생활, 잘 사는 방향으로 나아 가게 될 것입니다. 이런 이치로 보면 무슨 허탈감이 생기겠습니까? 잃어 버린 돈이야 누군가의 수중에 들어가 사용될 것이고, 토지 또한 그 자리에 그대로 있지 어디 다른 곳으로 자리를 옮기는 게 아니니, 누군가 농사지어 활용할 것입니다.

자신이 잘못해서 벌 받은 것임을 확실히 알면 그것을 기화로 제 정신을 차려 참다운 인생을 개척하려는 비장한 각오가 세워지는 것입니다.

예전에 어떤 스님 한 분이 논 열 마지기 살 돈을 시주 받으신 일이 있는데 이분이 그 돈으로 산골짜기에 있는 땅 다섯 마지기를 사버렸습니다. 시주 받은 돈이면 산골짜기의 땅을 수십 마지기 살 수 있는 것인데 일꾼들을 모아놓고 다섯 마지기의 땅을 개간하기 시작했습니다.

    그리고 일꾼들에게 재미나는 법문을 들려주며 품삯까지 넉넉히 주었습니다. 일꾼들은 신이 났겠지요. 품삯으로 나간 돈은 원래 시주 받은 돈의 일부였던 터라 이를 걱정스레 지켜 보던 제자들이 고생만 하고 돈은 다 써버렸으니 왜 그렇게 손해를 보시냐고 스님께 하소연하기에 이르렀습니다.

    그러자 스님께서 태평스레 말씀하시길 "너희들 계산이 틀렸다. 산골짜기에 없던 논을 다섯 마지기나 개간해 놓았고, 평생 법문 한 마디 듣기 어려운 사람들에게 법까지 설하여 착한 사람들이 되어 가는데 이보다 한량없는 이익이 어디에 있겠느냐?" 하시고는 "남의 논을 일구었다면 일하면서 수행은 되겠지만 그건 본전치기에 불과한 것이다. 그런데 우리는 새로 논을 만들었고 일꾼들은 일하면서 법문까지 들었으니 참으로 수행은 잘된 것 아니겠나."라고 하시며 빙그레 웃으시더라는 것입니다.

    참회라 하는 것도 이와 같습니다. 손해봤다는 것은 자기 생각일 뿐, 생각만 바로 서면 큰 도움이 되는 것입니다.

휘호로 보는 큰스님 말씀　廬沈當淨 (려침상정)

참선 수행의 길잡이

대상과 하나되는 자기 집중력

선禪 수행을 하고자 할 때 마음가짐을 어떻게 가져야 하는지요?

우리가 참선을 하는 근본은 마음가짐에 그 뜻이 있기 때문에, 우선은 착잡하게 떠오르는 온갖 마음 씀씀이에 따라 가지 말아야 합니다. 흘러 가는 마음 쪽으로 안 가도록 마음을 단도리하는 태도 위에서 화두를 들어야 합니다. 참선 수행을 하게 되던 짧은 시간 내에 그 모든 마음을 일으키는 근본 자리로 마음을 가다듬게 되어 선의 세계를 수용할 수 있습니다. 가령 격분에 찬다든지 분노에 찬다든지, 또는 어지러운 망상에 집착하는 여러 가지 생각을 정돈하고 가라앉히는 마음가짐을 갖추게 되면 저절로 선에 계합契合하게 됩니다.

바른 참선 수행을 위한 몸가짐은 어떠해야 하는지요?

　불교에서는 몸과 마음을 둘로 보지 않습니다. 몸과 마음이 하나이기 때문에 마음을 가다듬으면 몸이 안정될 것이며, 몸을 단정하게 하면 마음도 따라 안정되는 것입니다.
　두 다리를 뻗친다든지, 기지개를 하고 하품을 하는, 풀어지고 흐트러진 몸가짐으로는 참선에 들기 어렵겠지요. 항상 귀빈을 대하듯 몸을 단정하게 하고 흐트러짐 없는 몸가짐을 갖추게 될 때에, 몸과 마음은 저절로 합일되고 생각이 정돈됩니다.
　어떠한 구속감도 없는 편안한 상태여야 합니다. 물론 몸에 어떠한 지장이 있다 하더라도 참선 화두는 할 수 있습니다만, 일반적으로는 될 수 있는 대로 몸을 편안히 하여 아무런 구속도 받지 않는 자세가 좋습니다. 긴장하지 말고요.
　생각도 마찬가지입니다. 자연스런 생각으로 해야 참선이 되지 억지로 한다고 되지 않습니다. 마치 수영을 할 때 일체 몸에 구속받지 않고 사지를 흔들어서 앞으로 나아 가듯, 자연스런 몸가짐이 선을 하는 가장 올바른 태도입니다. 그래서 편안한 자세로 아무 불편이 없도록 단도리하는 것이 필요합니다.

혼자서 참선을 할 수 있습니까?

밥을 자기 스스로 먹는 것처럼 참선도 자신이 혼자 하는 것입니다. 둘이서 또는 여럿이 함께 하면 자신이 깜빡 잊었더라도 옆 사람이 하는 것을 보고 잊어 버리지 않는 이점이 있지만 기본적으로 참선은 혼자서 하는 것입니다. 선방에 가면 주위에 전부 참선하는 사람들이므로 참선하는 데에 힘이 안 듭니다. 공부도 독학하면 힘들지만 학교에 가면 전부 공부하는 분위기이므로 힘이 덜 듭니다. 그러나 독학하면 실력이 더 있듯이 혼자서 참선하면 마음 공부가 아주 잘 됩니다.

스포츠 경기에서 좋은 성적을 낸 선수들 대다수가 인터뷰에서 말하길 선을 많이 해서 좋은 결과가 나왔다고 합니다. 모든 일을 할 때 선이 많은 보탬이 되고 그만큼 중요하다는 것이겠지요?

참선을 하면 마음이 집중되어 산란심散亂心이 없어집니다. 활을 쏠 때도 과녁에 일념을 모으면 여지없이 명중합니다. 운동 경기뿐만 아니라 모든 면에서 산란심을 없애고 일념매진하면 위대한 힘을 발휘하게 됩니다.

스포츠 경기에서 참선을 한 선수들이 좋은 결과를 낸 것은 기적이 아닙니다. 씨름 잘하는 이만기 장사가 조계사에 와서 참선을 하여 씨름왕이 되었다는 것도 정신을 집중하였기 때문입니다. 완력이나 기술이 좋아도 정신 집중이 없으면 그런 위대한 힘이 안 나옵니다.

참선은 자기 집중력이기 때문에 대상과 하나가 됩니다. 이러한 경지는 모든 면에 적용되므로 참선은 우리의 생활입니다. 참선 따로 있고 우리의 생활이 따로 있는 것은 아닙니다. 다만 우리에게 익은 것이 세상의 오욕락이라 공부하는 길에는 아직 설어 있습니다. 그러므로 설은 것은 자꾸 익혀야 합니다.

안 되는 과정을 빼고는 되는 것이 없습니다. 안 된다는 말은 곧 된다는 말입니다. 안 하면 안 되는 것도 없습니다. 한 번 '이 뭣고?'를 해 보고 안 터진다고 조바심을 내면 안 됩니다. 자꾸 해야 합니다. 밤잠 안 자고 하다 보면 언젠가는 툭 터집니다. 금생에 못 터지면 내생에라도 터집니다.

우리가 갈 길은 바로 이것입니다. 이것을 깨치지 않으면 항상 윤회하고 헤맵니다. 내가 고통에서 벗어 나기 위해서 하는 것이지 참선 자체를 위해서 하는 것은 아닙니다. 내가 답답하고 그 길이 아니면 내 모든 고통의 굴레를 벗어 버릴 수 없으므로 하는 것입니다. 안 된다고 포기하면 안 됩니다. 안 되는 것이 자꾸 쌓여서 되는 것입니다.

다른 수행법과 비교해서 선 수행법의 특징은 무엇인지요?

우리 불교에 팔만 사천 수행법이 있지요. 경을 본다든지, 기도를 한다든지, 주력을 한다든지 그 많은 수행법이 있는데, 선 수행의 특징은 아주 가깝게 단시일 내에 즉석에서 효과를 볼 수 있다는 것입니다. 다른 수행법은 시간이 필요합니다. 주력을 해도 한참 해서 마음의 정돈을 얻고 나야 됩니다.

그런데 이 선禪은 불이 타는데 물 한 동이 들어부으면 들어붓는 그 찰나에 불길이 끊어지듯이 시간과 모든 계급을 초월하여 즉석에서 모든 번뇌망상을 녹일 수 있는 특별한 힘이 있습니다. 그래서 모든 질서나 체제를 떠나서 바로 단도직입적으로 선의 세계에 들어갈 수 있고 바로 그 속에 몰입해서 자기의 본래면목을 볼 수 있는 것입니다.

거문고 줄을 고르듯이

스님들은 산에서 하루 한 끼만 드시기도 하고 장좌불와로 수행 정진에 전념하시는데, 우리 재가 신자들은 직장에도 나가야 하고 밥 세 끼 다 먹고 잠도 자야 생활할 수 있습니다. 반드시 그런 방법을 취해야만 확연히 깨칠 수 있는지 알고 싶습니다.

불교는 마음을 깨치는 법입니다. 마음 깨치는데 몸뚱이가 편하고 괴롭고 한가롭고 하는 것 자체는 별 상관이 없어요. 물론 사람의 근기에 따라서는 그런 과정이 필요하기도 하지만, 공부는 마음으로 하는 것이지요. 예를 들면 누가 나를 모략해서 막 부아가 날 때 '부아나는 것아, 편지 한 장 쓸 동안 가만 있거라.' 라고 한다 해서 그 부아나는 것이 가만 있겠어요? 또 목이 마를 때 '목마른 것아, 편지 한 장 쓸 동안 쉬어라.' 라고 해도 그게 안 됩니다. 뭘 하든지 목마른 것이 습격해 오지요.

그것은 우리의 원력願力과 신심信心이 약해서 그런 겁니다. 신심이 돈독하면 바쁜 일을 할수록 더 정신이 나서 그 문제에 딱 착안이 됩니다. 아무리 몸이 바쁘더라도 마음에 항상 그 의심 덩어리가 걸려있어야 풀 수 있습니다. 그래서 원력이 중요하다는 거지요.

대신심大信心이라, 참선하는데 신심이 굳어야 한다는 것은 꼭 해내야겠다는 각오가 되어 있어야 한다는 말입니다. 그 다음에는 대분지大憤志라, 분한 생각이 있어야 하는 거지요. 왜 분하냐? 이걸 모르면 마치 소가 도살장에 끌려 가듯이 만날 끌려다닌다 이겁니다. 그러니까 올 때도 죽을 때도 정신없이 오고가니 이보다 원통한 일이 어디 있나. 내 마음대로 죽고 내 마음대로 가고 내 마음대로 해야 하는데, 고삐에 매여서 지옥에도 끌려 가고 사람한테도 끌려들어 가니 이거 분통이 터질 일이 아니냐 이거지요. 그리고 대의단大疑團이라, 내 인생을 참말로 모르겠다 이겁니다.

이 대신심, 대분지, 대의단을 화두를 드는 삼대 요소라 그럽니다. 삼위일체라, 솥발 같아서 솥발이 둘만 돼도 솥이 기웁니다. 그러니까 말이 셋이지 하나가 철저해지면 셋이 다 철저해지고 갈라 놓을 수 없는 겁니다. 대신심이 일어 나는 것도 분한 생각이 나서 되는 것이라 갈라놓을 수 없어요.

철저하게 화두를 든다 하면 앉든지 눕든지 가든지 오든지 바쁘든지 한가하든지 상관없이 항상 집중해 있는 겁니다. 물론 자기 힘이 없는 사람은 종아리도 치고 자꾸 이야기해 주어 발심하게 하고 잊고 있으면 정신을 깨우쳐주는 지도자가 필요합니다. 그래 선방과 선생이 있고 10년이고 5년이고 가르치는 경우도 있습니다.

그렇다고 마을에 살고 바쁘다고 공부 못 하는 법은 없습니다. 아들 딸 키워 가며 공부한 부설 거사도 있고 유마 거사나, 방 거사나, 윤필 거사 같은 분들은 마을에서 똑같은 생활을 하면서도 출가승보다 먼저 활연개오를 한 역사가 있습니다.

그러니까 그게 그 사람의 용기와 근기에 따른 것이지 일정하게 이 방법이 옳고 저 방법은 안 된다는 것은 없습니다.

조용하고 한가하다고 되는 게 아닙니다. 한가하면 장기 바둑 두고 어디 호프집에나 갈지언정 공부 안 하는 사람은 안 합니다. 아무리 바쁘고 눈코 뜰 새 없어도 그 문제가 목에 가시 걸리듯 걸려 가지고 이걸 해결하지 않고서는 안 되어야 합니다. 그야말로 의단독로疑團獨露가 되어야 합니다.

의단독로에는 무슨 차제가 없습니다. 어떤 이는 한마디 듣고 두루 깨치기도 합니다. 꼭 어떤 과정을 거쳐야만 한다는 건 없어요. 물론 사람에 따라서 산란심이 많은 사람을 지도하는 방법 중에 그런 것은 있지만 그건 몇 푼어치 안 됩니다. 참말로 용기가 있으면 그런 계제階梯를 탁 털어 버리라는 게 불교지, 일체 그런 게 없어요. 초발심시初發心時 변정각便正覺이라. 칼잡은 백정도 한마디 듣고 그 자리에서 칼 집어던지고 입지정각해서 성불하고 선악과 시비를 다 초월하는 겁니다.

선정에 들면 무념무상이라고 들었습니다. 그런데 출퇴근 시간, 달리는 버스 안에서든지 가끔 아무 생각없이 멍청해질 때가 있거든요. 그렇게 잠깐 넋이 나간 듯한 느낌, 그것도 선정이라고 할 수 있습니까?

천만의 말씀이지요. 선이라는 것은 날카로운 지혜의 등불이 비치는 것이지, 멍청한 것은 선의 일대 금물입니다. 정신없이 있는 것이 어떻게 선이 될 수 있겠습니까?

모든 망상분별을 쉰다 해도 번뜩거리는 지혜의 빛이 비치는 것이 선입니다. 그렇기 때문에 화두를 할 때는 항상 빛나는 힘이 집중되어 있습니다. 정신없이 되어서는 안 되는 것이 선이니까요. 넋빠지게 있는 것은 오히려 망상보다 못합니다.

정진하면 복잡한 버스 속에서나 온갖 것으로 시달리는 와중에도 착란이 없고 흐트러짐이 없기 때문에 몸뚱이 전체가 눈이 됩니다. 눈만 눈이 아니라 밝은 빛이 빛날 때에는 몸 전체가 눈이 되어서 일체 사고나 실수가 있을 수 없지요. 이것이 바로 선의 생명입니다.

특별한 화두없이 호흡만 가다듬는 호흡법을 따라 좌선을 하는 사람이 많습니다. 그런데 이 경우 호흡이 막히는 것 같을 때가 있는데 이것이 올바른 선 수행의 자세인지 모르겠습니다.

참선하는 자세도 중요합니다. 자세가 나쁘면 집중이 잘 안 되니까요. 사실 언제 어디서나 누구나 행할 수 있는 것이 참선이지만, 그 자세라든지 주위 환경, 마음 상태 등 여러 가지 면을 고려하고 선지식의 상담을 거쳐 정하는 것이 좋겠지요.

그렇다고 뭐 까다로운 절차나 방법이 필요한 것은 아닙니다. 원래 참선을 할 때 화두만 순일하게 되면 호흡은 저절로 끊겨 버립니다만, 참선을 한다고 하여 누구나 다 호흡이 끊기지는 않습니다. 화두만 순일하게 이어진다면 내 몸도 잊어 버리고 우주도 잊어 버리게 됩니다. 그렇게 의단疑團 하나에 딱 걸려있으면 호흡이 끊어지지요. 이때 호흡이 끊어졌다고 해서 사람의 명이 다한 게 아닙니다. 참선에 깊이 들어 가면 우리 몸 전체의 팔만 사천 모공이 저절로 다 호흡을 하고 있어 숨을 쉬고 안 쉬는 그것이 전혀 신경에 거슬리지 않게 됩니다. 이렇게 정정에 들어 가야 합니다. 오히려 호흡에 신경쓰느라 아랫배에 관심이 팔리면 화두가 순일하게 안 됩니다.

물론 수식관이라 하여 나고 드는 숨을 세어서 마음을 가라앉히는 수행이 있기는 합니다만, 이는 망상분별이 많고 헐떡이는 사람에게 자기가 평상시에 쉬는 호흡을 숫자로 헤아리라는 것이지 호흡법과는 다릅니다. 숨 안 쉬는 사람은 없습니다. 억지로 하지 말고 보통 숨쉬듯 하여 하나에서 열까지 세고, 다시 또 하나에서 열까지 세는 것을 반복하여 갈 때 정신 집중이 됩니다. 수식이란 '숨을 센다'는 뜻이지 특별한 호흡법이 아닙니다. 이 수식관도 집중을 위한 방편일 뿐 선방에서는 호흡에 집중하는 것은 하지 않습니다.

그런데 외도들은 호흡법이라 해서 적어도 8초니 10초니 그렇게 숨을 쭉 들이마셔 가지고 아랫배 단전에 힘을 두고 또 내뿜는 것도 한 8초 동안 천천히 내뿜어요. 이것을 반복하면 단전에 기운이 생기고 또 거기에 기가 모여 신통이 일어 난다고 하는데 그건 신선들이 하는 호흡법이지요. 이런 호흡법에도 단전호흡, 복식호흡 등 여러 가지가 있는데 그것은 전문적으로 익혀야 됩니다.

불교에서는 그런 호흡법이 아니고 수식관이라. '셀 數' 자,

'숨 식息' 자, '숨을 세라' 그 말이거든요. 숨을 세면 생각이 집중되고 마음이 고르게 가라앉습니다. 그래서 산란심이 있는 사람은 첫번에 수식관을 자꾸 시킵니다.

그러니 그것이 사람마다 다르죠. 열 사람이면 열 사람이 다 달라요. 자기 업력 따라서 쉽게 마음이 가라앉는 사람이 있고 며칠 해도 안 되는 사람도 있고 무엇을 들어도 곡해를 하고 못 알아듣는 사람도 있습니다. 그렇게 사람이 천차만별이라 온갖 법이 많이 나오지요.

화두를 단전에 두라 그런 이야기가 있지 않습니까? 그래서 먼저 단전호흡이 되어야 참선이 되는 것으로 아는 사람도 많습니다.

단전에 두라 하는 것도 공부가 안 되는 사람에게 하는 소리입니다. 화두가 모양이 있어야 두고 뭐 걸어 놓고 하지요. 호흡을 잘 조정하면 건강 조정이 된다는 거죠.

단전호흡을 하면 안 하는 것보다 낫지요. 단전호흡을 하면 아랫배에 기운이 생기고, 단전에 힘을 얻어 놓으면 추운 데 나가도 추운 줄 모르고 그렇게 되지요. 몸에 건강은 얻지만 그것이 공부는 아닙니다. 어지러운 마음을 제거하고 약한 몸을 보호하니까 잘만 하면 공부에 이익은 됩니다. 그렇다고 해도 그것은 일종의 건강법이지 참선법은 아니지요.

공부를 하다 보면 불 앞에 서 있는 것처럼 후끈후끈한 것은 무엇 때문입니까?

공부를 너무 급한 생각으로 하다 보면 몸이 상기가 되고 화끈화끈해집니다. 그럴 때는 바깥으로 나가서 바람을 쐬고 마음을 가다듬어 조용히 화두에 들어야 합니다. 자꾸 몸에 열이 생기면 나중에 병이 되기 쉽습니다.

참선 공부는 거문고 줄을 고르듯 하라고 하였습니다. 거문고 줄을 너무 팽팽하게 하면 소리가 끊어지고 너무 늘어지면 소리가 안 납니다. 줄을 알맞게 해야 소리가 잘 납니다. 공부를 너무 급한 생각으로 하면 몸에 열이 생기고 반대로 너무 느긋하게 하면 공부가 안 됩니다. 그러니까 마음의 조정을 잘해야 합니다.

그래도 계속 열이 나면 어떻게 해야 합니까?

계속 몸이 화끈거리더라도 느낌을 좇아 가면 안됩니다. 화두를 하면 설사 몸에 불이 나더라도 감지가 안 되어 모릅니다. 몸의 화끈거림을 안다는 것은 벌써 화두가 달아 났다는 뜻입니다. 이런 상태를 어떻게든 고쳐서 화두일념으로 몰아 넣어야 합니다. 화두 일념이 되면 몸에 불이 나더라도 잊어 버립니다.

일념으로 흘러가는 것이 삼매

삼매란 한마디로 어떤 상태인가요?

삼매는 앞뒤가 끊어져 시간, 공간을 잊어 버리고 자기 문제 하나에 집중되어 있는 상태입니다.

좌선을 하다 보면 바람 소리도 들리고 새 소리도 들리고 한 몇 분 앉아 있다고 생각했는데 깨어 보면 상당히 긴 시간이 지나간 경우가 있는데 그것은 어떤 상태일까요?

그것도 깊은 삼매는 아니지만 삼매에 가까운 것이지요.

그런 것을 초삼매라고 하면 될까요?

초삼매, 헌삼매가 있겠습니까마는 그렇게 자꾸 닦으면 나중에 더 좋은 경계가 있지요. 참선하면 초저녁 9시에 죽비치고 자거든요. 그러면 죽비치고 잠깐 누웠는데 새벽이에요. 자기 한 생각에 딱 집중되어 놓으니 대여섯 시간이 금방 지나 가는 것이지요.

그것이 몽중일여夢中一如인가요?

몽중일여는 내가 화두를 하든지 뭘 하든지 꿈꿀 때나 현재나 똑같이 정신이 흐리지 않다는 것이지요.

꿈꿀 때 정신이 흐리지 않은 것이 확인될 수 있는가요?

그것은 꿈을 안 꾼다 이 소리지요. 지금 내가 '이 뭣고' 하는데 남들 보기에는 잤지만 잠자는 것이 잠자는 것이 아닌 그런 경계가 몽중일여지요. 그러니까 남 보기에는 잠자는 것 같은데 실제는 잠자는 것이 아니고, 의식이 뚜렷하여 자기를 놓치지 않고 있었다는 말입니다. 정신이 맑으면 잠자는 것과 깨어있는 것이 별로 차이가 없어요.

삼매에 들면 주변 상황을 의식 못 한다고 하는데요.

삼매에 든다고 멍텅구리가 되는 것은 아닙니다. 주변에 무슨 일이 일어 나도 모르면 그건 뭐 바보지요. 모든 것을 알아도 흔들림 없는 그것이 삼매지, 자기가 어디에 있는지도 모르는 삼매를 어디에 써먹겠습니까?

이 세상 법으로 그걸 모른다고 하는 것이지, 삼매의 정신 세계에서는 똑같이 다 아는 것입니다. '이 뭣고'를 지극히 하면 온갖 주위에 일어 나는 일에 무심할 뿐입니다. 화두 하나에 딱 드니까요. 그러니까 화두 들었다고 옆에서 뭘 하는 것도 모르는 송장덩어리 되는 것이 아닙니다. 밝게 다 알아도 다만 자기 중심이 동요가 안 되는 것입니다.

세상 경계에 안 흔들리니까 모른다 그러는데, 모르는 멍텅구리가 아닙니다. 아는데 그까짓 것 상대하지 않으니까 남이 보면 송장같이 보일 뿐이지요. 어린아이들이 소꿉장난을 아무리 해 봐야 어른이 거기에 동할 수 없잖아요? 별짓 해도 가만히 있지 따라지지 않지요. 마찬가지입니다. 일부러 참아서 그런 것이 아니고 저절로 자기 정진만 해지지 별짓을 해도 팔리지 않습니다. 그런 상태가 삼매지 멍텅구리처럼, 돌덩어리처럼 아무것도 모르는 그것을 삼매로 봐서는 안 되지요.

과거, 현재, 미래를 통해 일념으로 흘러 가는 것이 삼매입니다. 일념으로 흘러 가면 이 세상 일은 알 필요가 없어 관여 안 하는 것이지 몰라서 안 하는 것이 아닙니다. 어린애들이 저희들끼리 노는데 간섭할 이유가 없잖아요.

산란심이 가라앉으면 밝은 기운이 있습니다. 밝은 기운이 있으니까 삼매에 들수록 모든 사건을 정확하게 처결하는 지혜가 생기는 것이지요. 옛날에 국사, 왕사가 일일이 정사에 대해서 다 연구 안 해도 그 경계를 판단했던 것도 그런 이치지요. 국사, 왕사가 정신 세계의 지도자인데 밝아야 지도자 노릇하지 어두운 사람이 어떻게 지도자 노릇하겠습니까? 밝습니다, 모든 것이. 연구를 하고, 머리를 짜내서 아는 것이 아닙니다. 지혜로 비춰 알지요.

밝은 빛을 항상 가지고 있는 상태가 삼매입니다. 정진을 자꾸 하면 평소에는 잊었던 일도, 엄마 젖꼭지 물고 있던 기억까지 튀어 나옵니다. 보통 때는 잊었던 것도 마음을 집중하면 일어 납니다. 그 단계 넘어 가면 모태에서의 기억도 납니다. 맑은 지혜가 전생의 자기 경험까지 비춰주지요. 그렇다고 해도 그것이 도는 아닙니다. 좀 공부한 사람이 아는 소리 하면 다른 사람들은 그것이 도인 줄 알지만, 그것은 서울 가는 길에 삼랑진도 보고 대전도 보고 하듯이 그것이 비치는 것이지 서울은 아니거든요.

성불하면 과거, 현재, 미래가 없어집니다. 이 우주가 생기기 전부터 자기가 있는 것을 압니다. 이 우주 생기기 이전에 이 물건이 있습니다. 누구나 다 말입니다. 태란습화 사생의 근본 자리는 다 같습니다. 석가모니만 부처 자리 보고 그런 것이 아닙니다. 누구나 다 있는데 우리가 워낙 탁해져서, 소쿠리 덮어 놓은 것처럼 미해 가지고 없는 것과 마찬가지로 되어 버려 그렇지 무슨 짐승이든지 그 불성 자리는 다 있습니다. 불교에서는 유정물有情物뿐 아니라 무정물無情物까지도 불성이 있다고 합니다. 무정물이란 자체가 무정물이란 소리 못 하잖아요? 결국 따지면 그것도 유정물과 마찬가지 소리지요.

어떠한 사람이 부처님 세계를 알고자 한다면 마땅히 그 뜻을 허공같이 하라 그럽니다. 허공이란 아무것도 작용 못 합니다. 허공이 어디 경계가 있습니까? 모든 망상, 모든 생각을 멀리 여의어 버리면 마음 돌아 가는데 아무 거리낌이 없어지니 그것이 부처의 자리입니다. 허공은 끝이 없습니다. 얼마든지 달려도 끝이 있습니까? 시작도 없고 끝도 없습니다. 시작도 여의고 끝도 여의어야 합니다.

우리의 마음도 시작도 끝도 없습니다. 어디가 시작이고 어디가 끝이겠습니까? 시작이 끝이고 끝이 시작이고 그 자리입니다. 한마디로 시간, 공간을 초월한 자리입니다. 일념성취하면 그런 영원한 자기 생명을 아는 것입니다.

밖으로 구하면 다 삿된 것

외도外道에서 말하는 정정과 불법에서 말하는 선정, 그러니까 사정邪定과 정정正定이라고 할까요. 그 차이가 무엇일까요?

근본적으로 다르지요. 옛날에 이런 이야기가 있습니다. 산 속에 유리독이 하나 있어 가만히 보니까 몇 백 년 묵은 사람이 있었어요. 그 안에서 정에 들어 있었던 것이지요. 그렇지만 그 사람이 결국 그 정에서 깨어나 가지고 나중에는 타락했다고 합니다.

그런 것은 사정이지요. 생사를 초월하는 정정이 사정과 같을 수는 없지요. 가령 자기가 어떤 신통을 구하기 위해서 정을 닦으면 신통은 성취하지만 생사를 초월하지는 못합니다. 그렇게 처음에 발심하는 근본에 따라서 성취하는 게 다르지요.

그러면 발심하는 마음 때문에 다른 것이지 그 방법이나 선정의 상태가 다른 것은 아닌가요?

그것도 다르지요. 가령 '내가 감투를 한번 쓰고 싶다. 내가 신통변화를 부려서 사람을 속이고 사람들을 항복받겠다.' 그런 것을 원력으로 하는 사람들도 있거든요. 거기에도 골똘히 하면 정은 됩니다. 정을 통해 그런 신통을 얻을 수는 있지요. 그러나 삿된 생각에서 일어 난 것이기 때문에 그것이 정당한 신통이 될 수는 없습니다. 설령 거기서 어떤 기술을 얻었다 해도 기술에 그치고 마는 것이지 생사를 초월하는 것은 아닙니다.

정정은 생사를 초월해서 참 근본을 얻는 것이고, 사정은 자기의 욕심에 사로잡혀서 어떠한 신통변화 등 그 욕심의 한계에 매달려서 얻은 것이라 같을 수가 없습니다.

신통을 얻겠다든지 뭐를 얻겠다든지 그렇게 하면 그 범위밖에 얻지를 못합니다. 그러니까 사정이 되고 유루정有漏定이 되지요. 유루라는 것은 글자 그대로 '있을 유有' 자 '샐 루漏' 자, '없어진다.' 이 말이지요. 가령 내가 신통을 얻어 가지고 산을 뛰어넘고 이상한 이술異術을 하고 갖은 조화를 부리는 것을 한번 해 보겠다고 노력하여 정을 하게 되면 그것을 얻기는 얻지만 결국은 없어지는 게 아니냔 말이지요. 백 세를 산다 해도 뭐하냐 그겁니다.

정정은 샘이 없는 무루無漏법이라, 내가 모든 문제를 해결하는 열반에 이르는 정입니다.

어떤 특별한 신통을 구하는 것은 아닌데 선정에 들어서 조용한 상태, 마음이 가라앉아 있는 그 고요한 상태 자체를 즐기는 것, 거기에 머무르는 것도 문제라고 하는데요?

선정에도 뭐 여러 가지 정이 있지요. 그래서 학술적으로는 초선初禪 이선二禪 삼선三禪 사선四禪 등으로 분류하기도 합니다. 그렇게 안정을 얻는 것도 차별이 많지요. 어쨌든 자기가 안정을 찾으면 그 안정에서 낙樂이 생깁니다, 조용하고 편안하니까.
그런데 그것이 편안하다고 해 봐야 생사의 근본을 해탈하지 못한 선정은 언젠가는 끝이 나고, 설사 끝이 안 난다 하더라도 편안한 데 머물러서는 진척이 없다는 뜻입니다.

정법正法이다 사법邪法이다, 정도正道다 사도邪道다 말이 많습니다. 어떤 기준을 갖고 정법을 찾고 정도로 나아 갈 수 있는지요?

가령 자기 마음을 향해서 딱 집중해 나가는 것은 정당한 길이라 할 수 있습니다. 그렇게 자기 마음을 찾으려고 하지 않고 바깥으로 어느 위대한 힘을 하나 만들어 놓고 거기에 의존해 간다는 것은 삿된 길입니다. 그 사람은 마음을 밝힐 수가 없습니다. 그러면 삐뚜러진 길을 걸어 가는 것입니다.

서울 가는데 서울 가는 길을 바로 찾아 가야지 서울 간다면서 부산 가는 쪽으로 간다면 서울 못 갈 것 아닙니까? 그렇듯이 자기 마음에서 찾지 않고 바깥으로 헤매는 것은 다 사법입니다.

『금강경』에도 나오지요. '약이색견아若以色見我 이음성구아以音聲求我 시인행사도是人行邪道 불능견여래不能見如來'라, 어떠한 빛깔이나 어떠한 음성으로써 나 즉, 진리를 찾으려 하는 사람은 사도를 행하는 사람입니다. 그러니까 어떠한 색깔이든 소리든 바깥 경계를 따라 가면 다 사도입니다.

불교는 자기 마음속에서 찾지, 바깥으로 헤매는 것이 아닙니다. 자기 마음 하나 다스리고 마음을 찾아 내는 것이지 바깥의 어느 신이나 어느 힘을 의존해 따라 가는 것이 아닙니다. 자기가 우주의 조물주고 근본이기 때문에 자기 마음 찾아 가는 공부입니다.

자기 밖에 있는 무엇을 찾아 헤맨다면 사도에 떨어집니다. 생각해 보아요. 자기란 핵심이 있으니까 모든 문제가 벌어지는 것이지, 자기란 핵심이 없으면 우주는 빈 껍데기입니다. 나라는 중심이 있으니까 무슨 부처니 중생이니 천당이니 지옥이니 모든 것이 벌어지지, 자기란 존재를 치워 버리면 뭐가 있습니까? 그 자기

꼬투리를 찾아 내야 합니다.

불교가 아니고는 참말로 그 자기를 발견하는 길이 없습니다.

흔들림 없이 사는 법

스님께서는 지금까지 저희들을 위해 '선 수행의 생활화와 그 중요성'을 무엇보다 강조하셨습니다. 선을 하는데 장애가 되는, 버려야 할 생각이나 태도가 있다면 어떤 것인지요?

선禪이란 다른 것이 아닙니다. 우리가 행복하게 바로 살아 가는 길입니다. 그래 '터 닦을 선禪' 자입니다. 집을 지어도 터를 먼저 닦아야지, 터를 안 닦고 집을 지으면 기울어집니다. 어디 가다가 잠시 앉으려 해도 터는 닦아야 하는 것이지요. 삐죽한 돌에 앉을 수는 없어요. 그 돌에 앉으면 엉덩이가 찔리고 가시에 앉으면 가시에 찔릴 것 아닙니까? 그러니까 먼저 인간이 살아 가는 터를 닦는다는 그 말이 참선입니다. 그러니 참선은 장소를 가리지 않고 만날 해야 합니다.

조금이라도 지혜 있는 사람은 앉으나 서나 누우나 거꾸로 서나 어떠한 위치에 있어도 흔들림 없이 자기 인생을 응시해요. 자기 인생이 과연 뭔가 돌이켜 보면서 자기 인생을 원만하게 흔들림 없이 살 수 있는 방법이 선입니다.

옛날에 조과 선사鳥窠禪師 얘기가 있지요? 그이는 만날 나뭇가지에 새 둥우리처럼 동그랗게 앉아 정진했어요. 그때 유명한 학자요, 아주 고관으로 아만이 탱천한 백낙천이란 사람이 있었는데 소문 듣고 가 보니까 조과 선사가 고목 꼭대기에 아주 동그랗게 새 둥우리처럼 있었어요. 그분이 그렇게 늘 새 둥우리처럼 있다 해서 '새 조鳥' 자, '둥우리 과窠' 자, 별호가 조과 선사거든요. 그래 백낙천이가 보고 "여봐요 노장님, 위태합니다." 그러니까 거기 앉아 있던 조과 선사가 도리어 벽력같이 소리치면서 "아, 저 사람 위태하다! 저 사람 누가 안 붙드나!" 하는 거라. 그러니까 백낙천이 "아니, 이 튼튼한 대지에 땅을 딛고 서 있는데 왜 내가 위태합니까?" 하고 물었어요. 그러자 조과 선사가 "그대야말로 정말 잘못하면 떨어져서 위태하다. 나는 비록 이 높은 데 앉아 있어도 천하가 태평한 것이다. 나는 어떤 생사의 경우에도 여여할 수 있게 수행하고 있지만 그대는 금방 숨 떨어지면 천당 갈지 지옥 갈지 모른다. 그러니 저 위태한 삶을 붙들라고 고함쳐야 될 게 아니냐."라고 말했어요. 듣고 보니 일리가 있는 말이었거든요. 그래 백낙천이 옷깃을 여미고 절하면서 좋은 말씀 한마디 해달라고 그랬지요.

　한가할 때 심심풀이로 하는 것이 선이 아닙니다. 우리가 항상 괴롭게 살지만 언덕 끝에 서 있어도 편안하게 되는, 마음을 든든한 자리에 넣어서 모든 희로애락에 말려들지 않아 철저하게 자기를 활용하는 그런 태도가 선입니다. 그런 것이 선일진데 선이 어디 할 때가 있고 안 할 때가 있겠나요.

　선은 바로 내 인생 전체입니다. 흔들림 없는, 어떠한 경계에도 기울어지지 않는 튼튼한 자기 인생, 숨이 금방 떨어져도 할 말이 없는 그게 선입니다.

말도 생각도 끊어진 자리

화두란 무엇인가요.

우리가 아무리 짤막한 말을 해도 거기에는 반드시 뜻이 있습니다. 뜻없는 말은 하나도 없습니다. 무슨 말이든지 말을 하면 그것에는 뜻이 있는데 화두라고 하는 것은 말하기 전으로 일체 뜻이 붙지 않습니다. 생각으로 닿는 것이 아니고 또 말로 표현할 수 있는 그런 범위가 아니라는 말입니다. 말하기 전, 말 일어 나기 전에 통하는 도리가 '화두' 지요.

그래서 덕산방이라 하여 "어떠한 것이 부처입니까?" 하고 물으니까 말 떨어지기도 전에 방망이로 30방棒을 내리친다든지, 또 임제할이라 하여 벽력같이 고함을 지르는 그런 가풍이 있지요.

인간이 눈만 뜨면 생각하고 분별하고 하지만 그건 만날 해 봐야 다람쥐 쳇바퀴 돌듯이 생사윤회의 틀을 벗어 나지 못합니다. 그것을 초월한 게 화두거든요. 그런 걸 물으니까 방망이질을 해 버리고 고함을 지르고 그랬던 거지, 그 사람들이 말할 줄 몰라서 그런 게 아닙니다. 말로는 안 닿으니까 그런 수단을 썼던 것이지요. 그게 화두입니다.

말을 하고 행동을 한다는 것은 아직 상념의 세계에서 벗어 나지 못한 것입니다.

그러니까 생각이 끊어진 것이 아닙니다. 전부 생각이 따라 붙어 있습니다. 우리가 이 생각으로써 모든 것을 판단하는데 화두는 생각 밖의 것입니다. 그것을 가지고 배우고 저울질하고 자로 재고 하는 것이 전부 지식입니다. 그 지식으로는 자기 인생이 어디서 시작하는지 모릅니다. 또한 현재의 위치도 모릅니다. 언뜻 보면 현재 위치를 아는 것 같지만 생각이 자꾸 흘러갑니다. 한강에 물 흐르듯이 자꾸 흘러가 잠시도 머무르지 않습니다. 중생 세계는 생사의 물결 속에 따라 갑니다. 생사가 없는 도리를 발견하지 못했다는 것이지요.

화두라는 것은 일체 이론이 끊어지는 것입니다. 사실 우리가 정신을 똑바로 차리면 화두 아닌 것이 없습니다. 하나도 아는 것이 없다는 말입니다. 우리는 이것은 마이크고 저것은 컵이고 다 아는 것 같습니다. 이것이 어디서 일어난 물건이냐, 쇠를 어디서 파내어 어디서부터 왔느냐 하면 결국 끝에 가서는 모릅니다. 꽉 막혀 버립니다. 우리가 아는 것은 둥글게 알고, 모나게 알고, 붉게 알고, 희게 알고 있는 것입니다. 그렇게 아는 것은 전체를 아는 것이 아닙니다. 부분적으로 아는 것이지 참으로 깊이 들어 가면 다 모릅니다.

자기의 인생도 모르고 우주도 모르고 온통 새까맣게 모르는 덩어리 하나를 화두라 그럽니다. 바늘 끝 하나 꽂을 여지가 없습니다. 그렇게 꽉 막혀 가지고 전혀 모르니까 전체를 알아 버립니다. 하나를 깨칠 때 전체를 알아 버리는 이것이 화두입니다.

그런데 화두는 누구에게서 어떻게 받는 것인지요?

화두는 물건처럼 주고받는 게 아니라 이러한 도리를 깨우쳐주는 겁니다. 그것을 주고받는다고 말하는 것이지요.

"어떻게 하면 참선해서 화두를 깨쳐 공부하겠느냐?"고 물으니까 그 화두의 도리를 일러주는 걸 놓고 주고받는다고 했지 본시는 간화선이 없었어요. 없었다기 보다는 행세를 안 했지요.

옛날에는 선지식 앞에 가서 떡 물으면 언하言下에 대오大悟라! 말하면 알아차리고 다 그랬지요. 그러다가 중국에 오종가풍이 벌어진 것이지요. 처음에는 초조初祖 달마, 2조 혜가, 3조 승천, 4조 도신, 5조 홍인으로 참선법이 내려 왔어요. 그러다가 6조 혜능에 이르러 크게 발달하면서 간화선이 가장 공부하기 좋은 방법이라 해서 널리 퍼진 거지요.

화두를 들려면 상근기上根機라야 된다는 말이 있습니다.

상근기다, 하근기다 하는 것은 사람이 이름을 붙여서 하는 소리지 따로 정해진 것은 아닙니다. 자기가 용기를 내면 상근기고, 용기를 안 내면 하근기지, 상근기 하근기 종자가 따로 있는 것은 아닙니다. 다시 말해서 크게 용기를 내는 사람을 이름 붙여 상근기라 하고, 힘없이 미지근한 사람을 하근기라 하는 것입니다.
내가 용기를 일으키느냐 아니면 용기 없이 주저앉아 버리느냐에 따라서 상근기 하근기로 갈라지지요.

참선 수행법 중에는 화두 참선법이 있고 묵조선默照禪이 있다는데 설명을 듣고 싶습니다.

묵조默照란 글자 그대로 '묵묵히 비친다'는 뜻입니다. 말하자면 '호수가 잠잠하다.'라는 것은 파도가 치지 않는 상태입니다.

파도가 치지 않으니 그 물에는 그림자가 비칠 수 있습니다. 묵조선도 이와 마찬가지입니다. 모든 번뇌망상을 가라앉히어 마음이 묵묵해지면 광명이 그대로 비치게 됩니다.

우리에게는 왜 광명이 비치지 않는가 하면 온갖 탐진치 삼독의 파도가 치기 때문에 '묵'이 안 되고, 따라서 '조'가 안 되는 것입니다. 삼독심을 가라앉히는 것이 '묵'이고, '묵'이 되면 저절로 '조'가 됩니다.

간화선看話禪은 화두의 방편을 의지하는 참선법입니다. 묵조선과는 180도로 다르다 할 수 있는데, 예를 들어 설명하자면 밤에 어두움을 몰아 내기란 어렵습니다. 그러나 불만 켜면 바로 어두움이 물러 나는 것처럼 간화선은 그 식입니다. 거두절미하고 그저 한마디 이르는 것이지요.

회양 선사가 육조 혜능 대사를 찾아와 참배를 하니까 느닷없이 물었습니다.

"어떤 물건이 이렇게 왔는고?"

회양은 말문이 꽉 막혔습니다. 분명히 오긴 왔지 안 온 것은 아닌데 답을 하자니 무슨 말을 해야 할지 꽉 막혀 버린 것입니다. 손 한 번 내젓고 발 한 번 내딛고 눈도 반짝거리며 돌부리에 넘어지지도 않고 용하게 오기는 왔지요? 분명히 어떠한 물건이 오기는 왔는데 막상 대답하려 하니 말문이 막혀 버린 것입니다.

또 어느 스님이 "어떤 것이 부처입니까?"라는 물음에 대해서 운문 대사는 "마른 똥막대기니라."라고 답하셨습니다. 또 "조사가 서쪽에서 오신 뜻은 무엇입니까?"라는 질문에 대해서 조주 스님은 "뜰 앞의 잣나무니라."라고 가르치셨으며, 어느 스님은 활로 쏠 것 같은 기세로 들이대기도 했습니다. 이러한 가풍을 쓴 것이 간화선이지요.

조사 스님들의 답은 결코 동문서답이 아닌 깨달음으로 이끄는 행위입니다. 여기에는 어떠한 의혹도 차단하여야 하며 일체의 이론이 붙지 않고 분별을 향한 마음의 움직임을 끊어야 합니다. 그래서 납자衲子가 뭘 물으려고 입만 벙긋 해도 방망이질을 하는 것입니다.

임제 스님은 경을 연구하다가 황벽 스님 회상에 가서 삼 년 동안 있었습니다. 그러다가 "어떤 것이 조사서래의祖師西來意 입니까?" 물었더니 황벽 스님은 다짜고짜로 몽둥이로 한바탕 때려주었다고 합니다. 다음 날도 그 다음 날도 물으니 똑같이 실컷 얻어맞았습니다. 임제 스님은 모처럼 불법에 대하여 물었는데 스승이 자상하게 일러주기는커녕 미친 사람마냥 두들겨 패니 혼비백산하여 떠날 생각을 합니다. 도를 얻으려고 내 부모도 못 섬기고 삼 년 동안이나 열심히 했는데 까닭도 알지 못하고 혹부리 나게 얻어 맞기만 했으니 억울하기도 하고 정도 떨어질 일이지요. 임제 스님이 떠나려는데 황벽 스님께서 "아무한테나 함부로 가지 말고 대우 스님 회상에 가서 공부해라."라는 말씀을 하셔서 대우 스님이 계신 곳으로 갔습니다. 대우 스님께 가서 인사를 하니까 "어디서 온 사람인가?" 하고 물었습니다.

"황벽 스님 밑에서 공부하다 왔습니다."라고 대답하자

"얼마 동안 뭘 배웠는가?"라고 또 물었지요.

"삼 년 동안 시봉했는데 제가 한마디 물었더니 세 번이나 때리더이다. 도대체 저에게 무슨 허물이 있어서 맞아야 하는지 모르겠습니다."라고 대답하자 대우 스님이 벽력같이 소리를 지르면서 "허! 황벽이 그렇게 자비스럽게 일러줬건만 스승의 허물을 찾고 있단 말이냐?" 하는 데서 임제 스님이 크게 깨쳤습니다. 그 뒤로 황벽 스님에게 되돌아 와서 법통을 잇고 주로 간화선으로써 크게 교화를 했지요.

편안하고 괴로운 것을 떠나

화두를 하면 마음이 편안할 때도 있지만 괴로울 때도 있는데 이것은 화두를 바르게 참구하지 않았기 때문인가요?

화두를 하면 편안하다는 말도 안 맞지요. 편안하려고 화두를 하는 것이 아니거든요. 화두를 하는 데는 편안하다 해도 화두가 잘 안 된다는 소리고, 괴롭다는 것도 잘 안 되고 있다는 것입니다. 화두한다는 것은 편안하고 괴로운 것을 떠나 있는 것입니다.

화두를 왜 하느냐? 내가 꿈깨려고 하는 것이 아닌가요? 그러니 꿈깨지 못할 때는 편안할 수 없는 것입니다. 어떻게 편안하겠어요, 그렇잖아요? 살에 가시가 박혔는데 편안할 수는 없잖아요. 이내 문제를 해결하지 못할 때에는 편안할 수 없습니다. 항상 조바심이 나서 해결해야겠다는 그것으로 간절하지 어떻게 편안할 수 있겠어요?

여기에서 편안하다는 말은 어지럽게 헤매지 않고 편안하다는 그런 말인 것 같은데, 그래 이 말에 집착할 것 같으면 마음이 편안하다 하면 이미 편안하다는 데 집착하고 있어서 화두가 성취 안 됩니다.

그러니까 화두를 해결하기 전에는 나라는 것이 뭔가 항상 의심이 있고 노력을 해야 되니까 편안하다는 말이 안 맞는단 말입니다. 편안할 때도 있지만 이때 편안하다는 말은 아무 장애가 없이 공부가 될 때도 있다는 말입니다. 그런 것을 말만 가지고 해석하면 보통 사람은 편안할 때가 있다 하면 화두를 하면 편안한가 보다 이렇게 착각합니다.

그러나 괴롭다 해도 안 맞아요. 화두할 때는 아무 잡념없이 순수하게 의심이 될 때도 있지만 의심이 안 되고 잡념이 계속될 때도 있거든요. 그럴 때는 안 되니까 화가 치밀어서 괴로워하기도 합니다. 그런데 이것이 '화두를 바로 참구하지 않아서 그러느냐?' 이렇게 물었는데 화두를 참구 안 하면 이런 현상도 안 일어 납니다.

우리의 모든 문제가 뭘 하나 하는 데도 그것이 해결되기 전에는 안심이 안 되어 편안할 수 없는 것입니다. 땅 파고 물구덩이를 찾는데도 물이 나타나기 전에는 항상 편안하지 않습니다. 물이 나와야, 그때서야 편안하다 할 수 있지요. 그래 화두를 해결하기 전에는 순수하게 화두가 되는 것 같기도 하고 어떤 때는 온갖 생각에 화두도 놓쳐 버리고 괴롭고 짜증만 나는 때가 있습니다. 의심이 잘 될 때는 머리가 덜 터져나가고, 잘 안 되고 짜증나고 그럴 때는 괴롭습니다. 참선하다 보면 반드시 그 과정이 오기 마련입니다. 그걸 피할 수는 없어요. 잘 된다 할 때도 자기 감으로 잘 되는 것 같을 뿐입니다. 또 안 된다고 할 때는 더 기를 쓰니까 더 안 되는 것입니다.

결국 되는 거나 안 되는 거나 그 과정이 꼭 같아요. 안 되고 짜증난다고 그게 모두 잘못된 게 아닙니다. 사실 깨치기 전은 다 잘못이지요. 깨치기 전에는 다 헤매는 것이고요. 다이아몬드가 있다는 것만 알고 찾기 전에는 다 그 모양입니다.

화두가 일여一如하다는 것은 어떤 것인가요?

화두가 일여하다는 것은 간단間斷없이 항상 그 화두가 되는 상태를 말합니다. 화두가 일여하게 되면 그 사람 꿈이 없어집니다. 꿈이란 것은 마음에 틈이 생겨서 일어 나는 그림자거든요. 마음에 틈이 없이 하나에 집중하면 무슨 꿈이 있겠습니까?

이 세상은 한바탕 꿈입니다. 그런 것을 누가 웃기면 웃고 누가 칭찬하면 좋아합니다. 자기 중심이 없으면 바깥 환경에 따라 자꾸 움직여 버립니다. 바깥 환경 따라 움직였다는 것은 자기가 진실하게 살지 못한다는 소리입니다. 자기 중심이 딱 되어서 태풍에도 흔들리지 않아야지 태풍에 날아가 버리면 그거 안 되잖아요?

이 세상 희로애락 모든 경계가 일종의 태풍입니다. 모든 태풍에 대해 의연하게 그것을 받아 들일 수 있는 자기 중심 체계가 서면 태풍이 아무리 불어도 다 감내합니다. 누가 울려도 감내하고 웃겨도 감내하고 자기 중심이 흔들리지 않습니다. 그렇게 되면 이제 생사가 없는 세계를 알게 되지요. 불교는 바로 그런 것입니다. 알지 못하면 세상을 수 십 년 살았다는 것도 만날 그것의 되풀이입니다.

좋은 생각이나 기쁨에 끄달려 떠내려 가지 않고 헤엄쳐 건너갈 수 있는 마음이 되어야 합니다. 물에 안 떠내려 가고 물을 거슬러 건너 가야 될 것 아니겠습니까? 모든 망상에 끄달려 세상에 떠내려가 버리면 100년을 살아도 자기는 하루도 못 사는 것이지요.

이 모든 것에 끄달리면서도 끄달리지 않는 자기를 알아야 합니다. 그렇다고 해서 웃을 때 안 웃고 부아낼 때 부아 안 내라는 소리가 아닙니다. 자기 중심이 딱 서면 그건 그저 지나 가는 그림자인 줄 알고 처리가 됩니다. 세상 일도 그렇습니다.

공부를 안 해도 바탕이 대장부 같으면 좋은 일이 있어도 그렇게까지 빠져 있지 않고 부아나는 일이 있어도 칼부림하고 그러지 않거든요. 태연하게 맞이합니다. 그것이 도입니다. 도가 다른 것이 아닙니다. 파도가 치는데 그 사람에게만 파도가 안 닿는 것은 아닙니다. 파도가 치면 온몸에 닿지만 그 파도를 극복해 갈 수 있는 자기 힘이 있다는 것입니다. 이 파도치는 대로 부딪치며 다 헤쳐 가는 것입니다. 부아나는 물결이 오든지 나를 미워하는 물결이 오든지 온갖 물결이 오더라도 헤쳐 나갈 수 있는 자기 중심이 있으면 됩니다. 다른 것 시비할 필요가 없습니다.

우리가 참선을 잘 할 수 있도록 화두를 하나 일러주셨으면 합니다. 어떤 화두를 들면 자기 공부를 잘할 수 있는지요?

인생을 진지하게 산다면 사실 화두는 누구나 다 안 할 수 없는 겁니다. 왜 그러냐? 무엇 때문에 이 몸이 태어 나서 무엇 때문에 죽도록 일해서 이렇게 먹고 살아야 하고 또 산다 해 봐야 무너지고 없어지는데 왜 살아야 하는지 그 문제가 가슴 깊이 다가 오지 않는 사람은 없어요. 만물의 영장인 인간이라면 누구나 그 문제에 부딪힙니다.

그러나 석가모니 부처님이 누구한테 화두를 배워서 한 게 아닙니다. 당시의 정신 세계에서 위대한 인물을 다 찾아 다녔지만 참으로 고통을 해탈한 사람의 대답을 들어 보지 못했어요. 모두 정신없이 살고 있었어요. 그러니까 '아, 날 가르칠 사람이 없구나' 해서 혼자 명상에 잠긴 겁니다. 그렇게 6년이란 세월이 삽시간에 흘러 갔는데, 머리에 까치집을 지을 정도로 시간과 공간을 망각해 버리고 골똘히 생각했어요. 석가모니 부처님이 따로 화두를 얻어 깨달으신 게 아니라는 말입니다.

1,700 공안이 나타난 것은 근기가 모자란 사람을 위해 그런 잔소리를 한 거지요. 울고 웃고 하는 네 근본이 무엇이냐? 어떤 게 부처냐고 물으니까 '마른 똥막대기다, 뜰 앞의 잣나무다' 하는 이런 1,700가지가 나온 것이 다 망상 피우지 말고 어떤 한마디 말에 집중하라는 말입니다. 왜 이렇게 사느냐? 몸뚱이로 나서 만날 씻어주고, 밥 먹여주고, 소대변하고, 왔다갔다하고, 어제 하던 일 오늘하고 오늘 하던 일 내일하고, 만날 그 장단 해 봐야 필경은 백년 안짝에 무너지는데 서글프지 않느냐는 거지요. 그래 내 이것을 담판해 봐야겠다는 그게 화두입니다.

참선하는 사람들이 큰스님 글을 좋아하는데 한 말씀 해주시지요.

참선하는 사람들은 좋아하는 것이 없어요. 좋고 싫은 그런 것이 다 떨어져야 참선이지요. 참선하면서 뭐 좋아한다 그런 것은 참선 냄새도 못 맡은 것입니다.

이 세상 모든 것은 괴로움 투성이라 갈피를 못 잡겠다고 합니다. 그래 요새 젊은이들이 자살률이 높아요. 자살하는 것도 연구를 한다니 얼마나 자살을 많이 하면 그러겠어요? 참선을 하면 자살 안 하고도 편안한 세계에 드는 것이지요. 다 쉬어 버리니까요.

편안한 자리가 참선입니다. 안전 지대지요. 일체 시비장단 정처가 없어요. 좋고 싫고 깨끗하고 더럽고 옳고 그르고 온갖 시비장단이 다 떨어진 세계지요. 시비장단 속에 사는 것이 세상살이잖아요? 그렇기에 피로한 것이고, 피로하니까 조용한 것을 구합니다. 그래서 언젠가는 다들 참선의 세계에 다 가게 되어 있어요. 안 갈 수가 없지요.

애착이 하나만 붙어도 고苦입니다. 그런데 참선을 하면 다 쉬는 것이라 편안할 것 아닌가요? 뭐든 가지려 하면 다 고입니다. 다 쉬어요. 다른 것 없어요. 취하면 고입니다.

알면 화두가 아니다

큰스님 법문을 듣다 보니 '이 뭣고' 화두를 든다는 것도 무슨 의미인지 좀 알 것 같아요.

그런데 그 '이 뭣고'를 안다고 하면 '이 뭣고'를 모르는 것이지요. '이 뭣고'가 뭐냐? 모른다는 소리거든요. '이 뭣고'란 모른다는 소리입니다. 모른다는 소리가 화두거든요. 일체 모르거든요. 아는데 모른다 하면 부아가 나지만 도무지 모릅니다. 아는 것이 없어요. 아는 것은 몇 푼어치 안 되거든요. 그래 아는 것 이야기하라 하면 전부 쩔쩔 맵니다. 잘 봐요. 아는 것이 어디 있어요? 하나도 아는 게 없어요. 그러니 저절로 '이 뭣고'지요. 아무것도 모르니까 편안하지 알면 괴롭습니다. 아무것도 모르면 편안합니다.

그렇게 철저하게 아무것도 모르면 '이 뭣고' 그 자리가 바로 성불하는 자리입니다.

'이 뭣고' 해서 뭐 얻는 것이 아닙니다. 그냥 다만 모른다 소리입니다. 아무것도 모르는 사람이 걸리는 것이 뭐 있겠어요? 모르는데. 아는 데 문제가 있습니다. 이래 알고 저래 알고 서로 싸우고 찌그럭거리고……. 그게 다 알기 때문에 그래요. 아무것도 모르는 것이 본색입니다. 참말로 아무것도 모르면 그 사람은 해탈이지요. 아무 고통이 없이.

모른다 해도 그 모르는 줄 알고 있으면 벌써 모르는 게 아닙니다. 그러니 따지고 보면 모르는 것도 아니지요. 아무것도 모르면 고통이 어디 있겠어요? 알기 때문에 괴로운 거지, 모르면 괴로운 것도 없습니다. 화두가 따로 없습니다. 모른다 그거지요.

그래 몰라져요? 모르면 어떻게 내 묻는 말에 고개를 끄덕끄덕거리나요? 아니까 끄덕끄덕거리지. 그러니 고통을 못 놓습니다. 아무것도 모르고 다 쉬어 버려야 됩니다. 그러면 뭐 고통도 없어요. 다 쉬어요. 그것이 참말로 아는 것입니다. 우리가 안다는 것은 아는 데 걸려 가지고 옳게 아는 것이 아닙니다. 벌써 그 아는 데 걸리면 해탈자재가 아니잖아요? 부자유지요.

부처가 되려고 하는 것도 벌써 부처에 걸리니 고통이고, 뭐 하려고 하는 것이 다 고통입니다. 그런데 뭐 안 하기가 쉬울 것 같아도 이게 참, 그 가장 쉬운 것이 가장 어렵지요.

참선은 자꾸 물어 들어 가는 것입니다. 그래 모르게 되어야 합니다. 첫번에 모른다 해도 그것은 모르고 아는 게 있는 것이거든요. 모르겠다 하는 것이 벌써 모르는 줄 아는 거거든요. 알면 안 되요. 정말로 모르게 딱 막혀 가지고 그렇게 들어 가면 거기가 밝습니다.

무심히 자꾸 '이 뭣고' 하다 보면 밤중에 등불 없이도 환하게 밝아집니다. 화두 하나만 일념으로 들어 가면 생각이 집중되고 환한 빛이 난단 말입니다.

이 몸뚱이는 오욕락에 빠질수록 더 탁하고 그 행이 맑은 사람일수록 정신도 맑습니다. 그러니까 흐트러지고 먼지가 많이 들어 가면 탁한 몸이 되고 그 먼지가 가라앉아 명경지수처럼 맑아지면 환하게 비추지요. 생각도 온갖 생각이 겹치고 이 세상의 때가 끼면 탁한 중생이 됩니다. 그래 무無라, 아무 생각을 안 하면 본래 마음, 이 몸 받기 전에 있는 본래 마음을 알게 되지요. 그 본래 마음을 아는, 그 자리는 나고 죽는 것도 없고, 어디서 생긴 것도 아니고 어디로 가는 것도 아닙니다. 무시무종無始無終으로 본시 있는 것이지요. 모든 게 끊어진 자리, 본시 그 자체는 밝습니다. 그렇게 꿈을 깨면 환한, 그 우주 전체가 바로 자기입니다.

중생은 본시 있는 그 자리를 모르고 자기가 지은 업에 끌려 멋

대로 살아요. 지 몸 지가 가두듯 자기가 생각하는 자기 세계를 자꾸 가둬놓지요. 그것을 탁 털어 버리면 이까짓 육체와는 상관없는, 자기가 본시 없는 그 자리입니다. 견성오도하면 우주 전체가 자기라. 우주 전체가 자기 아닌 것이 없으니 뭐라 할 상대가 없습니다.

내 광명이나 저 사람 광명이나 광명은 서로 방해가 안 됩니다. 환한 빛은 천 개 만 개 보탠다 해도 방해가 안 되고 누가 빼앗아 갈 수도 없습니다. 그것이 마음의 광명입니다. 그것도 부득이 마음이라 그러는 거지, 마음이라 해도 벌써 어긋납니다. 마음도 사실 아니지요. 일체의 언어도단, 일체 인간의 사량이 닿지 않는 곳, 그것을 자기가 꿈을 깨듯 스스로 알아야 합니다.

'이 뭣고' 그것은 모른다는 소리입니다. 참선은 아는 세계에 걸리지 말고 몰라야 합니다. 모른다는 소리가 참말로 남 아는 소리보다 나은 것이지요. 철저히 모르는데 자기가 어디 있느냐? 자기가 없을 수 없잖아요? 부증생부증멸不曾生不曾滅이라. 본시 그 근본 자리, 거기서 몸뚱이를 받아 가지고 백 년 동안 그것을 나인 줄 알고 살아 갑니다.

누에고치가 집을 뚫고 나오듯이 자기란 것을 뚫고 나오라는 것이 참선하라 소리입니다. 뭘 알아 하는 것은 하나도 없어요. 내가 아는 것 가지고는 안 됩니다. 그냥 몰라. 자꾸 모른다고 들어가 아무엇도 모르게 되면 자기가 알던 것도 모르고 생각도 모르는 가운데 오롯이 의문이 일어 납니다. 그렇게 공부하는 것이 참선입니다.

최훈 료 보는 은산스님 말씀 三界旅泊 (삼계여박)

깨달음의 세계

꿈 깬 뒤의 이야기

깨달은 사람과 깨닫지 못한 사람은 어떻게 다릅니까?

말 자체가 다르니 다르다 해도 되지만 사실은 깨달은 사람이나 깨닫지 못한 사람이나 똑같습니다. 다를 게 없지요. 깨달은 사람도 꼬집으면 아프고 못 깨달은 사람도 꼬집으면 아파요. 깨달은 사람도 슬픈 일 있으면 눈물 나오고 못 깨달은 사람도 슬픈 일 있으면 눈물 나오죠. 뭐 다를 게 없어요, 사실은. 다른 게 있다면 벌써 병폐지.

모든 것은 불이법이라 다 같아요. 다만 깨달은 사람은 어떠한 경계에도 헤매지 않고, 깨닫지 못한 사람은 처처에 헤매지요. 그게 달라요. 깨달았다 해서 대변도 안 보고, 밥도 안 먹고, 꼬집어도 아픈 줄 모르고, 돌덩이마냥 무감각하게 되는 게 아니라 깨달으나 못 깨달으나 똑같아요. 육체 가지면 똑같지 뭐. 똑같은데 달관한 사람은 그렇거니 하고 헤매진 않거든요. 완전히 그 이치를 알아 버리니까 헤매지 않지요.

쉽게 말하면 맑은 거울에 물건을 비추면 금방 비치고 물건 치워 버리면 흔적도 없어지듯이 깨달은 사람은 어떠한 경계에 턱 닥치면 그때만 판단해 버리지 그 다음에 무슨 그림자가 남지 않습니다. 그런데 미한 사람은 한번 부아가 나면 부아가 나는 경계가 지나가도 몇 달을 두고 부아를 냅니다. 그 꼬리가 있다 이 말이지요. 그러니까 서로 '이놈, 두고 보자.'라며 원수를 맺습니다.

깨달은 이는 그렇지 않아요. 다 허무한 줄 알고 달관해 버리니까 경계에 부아냈으면 그만이지 잊어 버립니다. 거리낌이 없지요. 깨달으면 거리낌없이 살지만 깨닫지 못한 사람은 말에 걸리고 뒷그림자가 한없이 맴돌고 있어요. 그게 달라요.

보통은 깨달았다, 달관했다 하면 멍텅구리처럼 아무 감각이 없다는 식으로 생각하지요. 그래서 깨달은 사람은 더러운 걸 줘도 아무렇지도 않고, 좋은 걸 줘도 아무렇지도 않고, 죽여도 아무렇지도 않고, 살려도 아무렇지도 않다는 식으로 착각합니다. 똑같아요, 깨닫지 못한 사람이나 깨달은 사람이나. 깨닫지 못한 사람도 찌르면 아프고 깨달은 사람도 찌르면 아프고, 못 깨달은 사람도 밥 먹어야 배부르고 깨달은 사람도 밥 먹어야 배부르지, 그게 다를 수는 없습니다.

그렇다고 또 깨달은 사람이나 깨닫지 못한 사람이나 똑같다고 하면 '뭐 깨달을 것도 없지 않느냐, 노력할 것도 없고……' 라고 생각들 하지요. 그렇게 사람들은 말에 걸립니다. 그러니까 잔소리를 49년 동안, 몇 천 년 동안 해도 끝이 안 나는 겁니다.

붉은 꽃이 있다고 할 때 깨닫지 못한, 미혹한 사람이 볼 때는 붉은 꽃으로 봅니다. 그런데 미혹을 벗어나 깨달은 사람이 붉은 꽃을 볼 때는 어떻게 볼까요?

똑같이 보는데 미혹한 사람은 망상 속에서 보기 때문에 거기에 분별이 따르고, 깨달은 사람은 어떠한 경계에 부딪혀도 망상이 없기 때문에 경계에 물들지 않는 그대로를 봅니다. 물론 그 차이를 말로 표현하기는 어렵습니다. 다만 분명한 것은 미迷한 사람은 경계에 다 착着합니다. 그 색色의 경계만 보지 근본 도리를 모르기 때문에 착합니다. 미혹을 벗어난 사람은 모든 경계를 보더라도 공한 이치를 보기 때문에 구애를 받지 않습니다.

깨닫고 나면 어떤 망상이나 생각이 일어 나지 않습니까?

그야 그렇지요. 깨닫고 나서도 망상이 일어 나면 깨달은 게 아니지요. 생각을 일으켜도 자기가 일으키려면 일으키고 말려면 말고, 저절로 일어 나는 게 아니라 능동적으로 경계를 소화시켜 하는 것이라 중생놀음을 해도 중생처럼 경계에 팔려서 갈팡질팡 하지 않습니다. 깨달은 후에는 모든 것을 환하고 밝게 활용하는 빛이 있는 것이지요.

깨달은 사람의 경계에는 망상이 없어요. 또 망상 구덩이에 있어도 다 녹아 없어져요. 그래서 아약향지옥我若向地獄하면 지옥자고갈地獄自枯渴이고, 아약향화탕我若向火湯하면 화탕자소멸火湯自消滅이지요. 지옥에 가면 지옥이 무너져 버리고 화탕지옥으로 가면 화탕지옥이 다 무너집니다. 밝은 태양이 있는 곳에 어둠이 있겠어요? 그렇듯이 깨달은 사람이 인간의 희로애락에 걸려 망상이 일어 나고 없어지고 하겠어요?

다만 깨달은 사람은 중생을 교화하기 위해 일부러 헤매는 사람에게 갑니다. 그러나 그 사람이 부처인지 중생인지를 중생들은 모릅니다. 껍데기밖에 모르니까요.

그렇다면 확철대오廓徹大悟하면 미세한 망념도 남지 않는다는 것인가요?

묻는 것 자체가 잘못된 것입니다. 쉽게 말하면 꿈속에서는 어떤 소리를 해도 꿈속의 이야기밖에 못 해요. 꿈 깬 뒤의 이야기는 꿈 깨기 전의 이야기가 될 수 없듯이 확철대오한 경지를 우리가 앉아서 따진다는 것은 꼭 그와 같은 것입니다. 꿈속의 이야기는 꿈 밖의 이야기가 안 되는 것입니다. 확철대오한 사람이 망상이 있느냐 없느냐 하는 것은 미迷한 사람의 세계에서 따지는 거지, 꿈 깬 사람이 그 소리를 들으면 웃음밖에 안 나옵니다. 확철대오한 사람이 미세한 먼지 같은 생각이 남아 있느니 없느니 하는데, 작은 생각과 큰 생각이 뭐가 다른가 한번 따져 봅시다.

작은 생각이나 큰 생각이나 생각에 흔들리는 것은 마찬가지거든요. 확철대오한 세계를 이야기한다는 자체가 우스꽝스럽고 안 되는 이야기지요. 확철대오한 세계는 생사를 초월하고 모든 상념을 초월한 그런 세계인데 어떻게 미한 세계에서 이야기가 되겠어요.

꿈을 꾸는 사람은 꿈속의 이야기밖에 못 합니다. 꿈을 깨면 그 모든 게 다 거짓이라는 것을 알아요. 꿈을 깨버리면 좋은 꿈과 나쁜 꿈이 뭐 있나 이 말입니다. 꿈에 보배를 얻었다 해도 깨고 나면 어디 보배가 있으며, 꿈에 누가 나를 해치려고 칼을 들고 쫓아와도 깨고 나면 그것이 있던가요? 그러니까 꿈꾸는 사람들이 꿈 깬 사람들에 대해 이야기한다는 것 자체가 사실은 말이 안 됩니다.

깨달음을 얻었다고 하시는 분들도 몸이 아프고 고통받는데 그것을 깨달았다고 말할 수 있겠는지요?

깨달은 사람이라고 해서 몸에 감각이 없는 것은 아닙니다. 깨달은 사람도 몸을 받은 이상 아프고 쓰리고 모든 것을 느끼지만, 근본 자리에 입각해서는 공(空)한 줄 알고 있는 것이지요.

그럼 과거 업식 때문에 아픈 것인가요?

과거 업식 때문이 아니라도 이 육체는 배고프면 먹여주어야 하고, 목마르면 물을 마셔주어야 해요. 운전사도 자동차가 고장나면 갈 수가 없어요. 기계가 고장나면 자기 마음대로 자동차를 움직이지 못하게 되는 것이죠. 그렇듯 우리 몸도 자기 마음대로 구사하지 못할 때가 있어요. 운전사가 운전하려면 차에 휘발유도 넣어주고 닦아주고 기름도 쳐야 하듯이, 우리 이 몸도 잘 먹여주고 재워주고 닦아주어 보호해야 합니다.

다만 깨달은 사람은 자기 근본으로써 화두 삼매에 드는 까닭에 그런 세계를 상당히 수용해 온 터라, 몸이 아프더라도 그 아픈 것을 털어 버리지요. 그러니까 중생은 아프면 아픈 데 끄달려 정신이 없지만, 깨달은 사람은 아프면 아플 뿐이지 그 아픈 데 끄달려서 쩔쩔 매거나 정신이 없거나 흐려지지 않아요.

몸을 마음대로 집어던질 줄 아는 것입니다. 마치 그림자가 물 속에 젖어도 입고 있는 옷이 실제로는 젖지 않는 것처럼, 몸이 아프고 온갖 작용을 해도 자기 근본 자리는 구애받지 않고 여일하지요.

수행하는 사람이 득도하고 난 다음에는 성욕이나 인간의 모든 기본 욕망이 초월해집니까?

그 득도란 것이 뭐라고 생각하는데요?

제가 알기에는 이런저런 잡스러운 생각들이 없어진 무심의 경지로 가는 것이 득도라고 알고 있거든요. 그렇게 되고 난 다음에 성욕이나 이런 욕망은 어떨까 해서요.

도를 얻었다, 득도다, 그러지요. 그런데 그 도를 다 얻은 다음에야 뭐 물을 것도 없습니다. 도를 얻기 위해서 마음먹고 공부해 아무 물을 것도 없는 사람을 득도했다 하는 것입니다. 그것은 공부해 봐야 압니다.

그렇지만 대개 공부하는 스님들은 모든 욕구를 억압시켜 놓은 상태에서 공부하지 않습니까?

그렇게 단정하면 안 되지요. 공부하는 사람은 어떻다 하는 것이 똑같지 않아요. 공부한 정도에 따라 천차만별입니다. 고통없이 공부 잘하는 사람도 있고 비틀거리는 사람도 있지요. 그게 어디 일률적으로 법이 있겠습니까?

그래도 인간이 갖고 있는 기본 욕망은 다 같을 것 아닌가요?

그것도 모르고 하는 소리지요. 기본 욕망이 똑같으면 할 것도 없습니다. 그대로 따라 가지. 욕망이란 자기가 어리석어서 일어나는 불꽃입니다.
참으로 수행하는 사람은 욕망이 일어 나지 않습니다.

득도하기 전의 수행 과정에서도 욕망이 안 일어 난다는 말씀인 가요?

욕망이라는 것이 뭘 말하는지 모르지만 감투 쓸 욕망이 있는 사람도 있고 돈 벌 욕망이 있는 사람도 있고, 그 욕망도 사람마다 천차만별입니다.

보통 남자들은 성적인 욕구 같은 것이 수행 과정에서도 많이 일어 나지 않는가요?

그것도 일으키는 사람이나 일어 나지 안 일으키는 사람은 안 일어나는 법이지요.

성적인 욕구도요?

그렇지요. 그것이 뭐 몇 푼어치 된다고요.
성적인 욕망에 팔린 인간이야 타락하고 병들고 죽고 별짓 다 하지만 안 그런 사람에게는 그런 세계 일어 나지도 않아요. 닦은 사람은. 그러니까 남녀 관계의 욕망을 익힌 사람도 있지만 평소에 안 익힌 사람은 그런 마음도 일어 나지 않는다는 말입니다.

가령 아편 중독된 사람에게야 아편이 없으면 큰일 나는 것 같으니 모든 것을 팔아서라도 그 아편 맞으러 갑니다. 그것을 아편 안 맞는 사람이 보면 우습잖아요? 뭐 좋다고 야단인가 하고. 그것과 마찬가지입니다.

모든 인간이 자기가 일으킨 대로 고민합니다. 인간사 온갖 감정 일으킨 사람은 거기에 따라 쩔쩔 매고 안 일으킨 사람은 거기 관심도 없습니다.

뭐든 자기가 일으켜서 그렇게 되는 것입니다.

전생에서부터 수행을 했기 때문에 현생에서는 젊은 나이에도 그런 욕망이 안 일어 난다는 말씀이신가요?

그거 일어나 봐야 문제가 안 된다는 거지요. 가령 배고프면 밥 먹을 생각이 일어 납니다. 그래도 마음먹고 참으면 밥 안 먹고도 몇 시간 참는 것과 마찬가지로, 술 마시는 사람도 자기가 익혀서 그렇고, 아편 중독도 자기가 익혀서 그렇지 사람마다 다 그렇게 하란 법은 없단 말입니다. 감투욕을 익힌 사람은 감투 쓰려고 집안 망치고 빚을 지고 칼부림을 하기도 하고, 또 무슨 기술을 좋아하는 사람은 그 기술 익히기에 힘쓰지요. 요새는 어린아이들도 보면 음악을 잘 하는데 음악 안 익힌 사람은 음악 하는 일도 없고 할 생각도 없어요. 그것과 똑같은 것입니다. 그러니까 자기가 다 닦은 것이지요.

무슨 말씀이신지 알겠습니다.

그러니 자기에게 뭔가 치성한 욕구나 그런 것이 있다는 것은 뭔가 자기가 많이 익혔다는 말이지요. 그걸 자각해야 합니다. 그래서 나쁜 것이다 싶으면 안 하면 됩니다. 안 하도록 노력하는 것이 중요합니다. 내가 암만 생각해도 안 해야겠다 하면 안 하면 됩니다.

자기가 노력하면 다 되는 것이지, 무슨 묘한 방법이 따로 있는 것은 아닙니다.

나쁜 짓 해도 자기가 한 짓이지 누가 한 짓이겠어요? 그리고 그것을 자기가 안 하려 하면 안 할 절대 권리도 자기한테 있어요. 노력해서 나쁜 것 고치면 성인이 되는 것이지 성인의 종자가 따로 있는 것이 아닙니다. 자기 마음 하나 못 이겨 쩔쩔 맨다면 도道 공부할 자격이 부족한 사람이지요. 저절로 되는 것은 아닙니다. 다 자기 결심이고, 자기 노력으로 되는 것이지요. 다만 물이 들고 인이 박힌 사람은 고치기 힘들 뿐이지 안 되는 것은 아닙니다.

담배 하나도 평생에 못 끊는 사람이 있고 용기 있는 사람은 하루아침 단숨에 끊어 버리는 사람도 있잖아요? 옛날에 내가 학교 다닐 때만 해도 아이들이 모두 담배를 했어요. 나도 한 번 피워 보았는데 머리가 핑 돌고 하늘이 노래지는 게 좋지 않더라고요. 그래 평생에 담배를 안 피웠지요. 뭐 좋으면 모를까. 그러니 담배를 산더미처럼 줘도 나야 눈도 안 돌리지요.

한번은 저 화북에서 담배 농사 해서 잔뜩 쌓아 놓은 것이 불이 나서 다 타 버렸어요. 그래서 면장이며 뭐 장자급이 모두 '아, 이번에 큰 손해가 났다'고 그래요. 그런데 나는 아주 잘됐다고 했지요. 담배라는 것은 먹는 것이 아니고 어차피 태울 것인데 한꺼번에 탔으니 성냥 절약도 되고 우선 사람이 덜 수고롭고 거 아주 잘 탔다고 큰 수확을 얻은 것이라고 그랬지요.

사실이 그렇잖아요? 담배야 먹는 것도 아니고 태우는 것인데 그 많은 것을 낱낱이 다 태우려고 하면 성냥도 수만 개가 들어야 될 것인데 어차피 탈 것 한꺼번에 탔으니 잘 됐잖아요?

여러 해 농사지어서 수입 기다리는 것을 몰라서 한 소리가 아닙니다. 모든 이치가 다 그렇습니다. 담배 안 피우는 사람이 보면 내 말이 맞습니다.

이 세상 모든 것은 잘 쓰면 다 좋은 것이고 못 쓰면 다 나쁜 것입니다. 무유정법無有定法이라, 정한 법이 없어요. 그러니까 모든 것을 바로만 쓰면 다 좋은 것이고 잘못 쓰면 다 나쁜 것입니다. 일체를 이익되게 쓰면 그게 잘 쓰는 것이지요.

우리 중생들은 부처님이 육신을 버리고 이 세상을 떠나시는 모습에서 많은 감동을 받고 발심하기도 합니다. 나아가 큰스님들의 열반, 그러니까 입적하실 때의 모습도 사람들에게 많은 감화를 주는 것 같습니다. 한암 스님 같은 분은 법을 설하시다가 법상에서 입적하시는 등 그런 각양의 모습들이 예사롭지 않으니까요.

큰스님이 따로 없습니다. 불법을 알아 버리면 그 사람을 큰스님이라 그러는 것입니다. 키가 크고 몸뚱이가 커서 큰스님이 아니고요.

누구나 불교를 알아 버리면 큰 세계를 알았다 해서 큰스님이라 부르는데 그것이 무슨 뜻이냐 하면 죽고 사는 이치를 확실히 알아서 중생처럼 죽고 사는 데 연연하지 않고, 법당에 가서 법문하다가 내가 간다 하면 떡 떠나듯이 생사를 탈피한 사람이다 그런 말입니다, 본시부터.

그래 그 전에도 향 꽂아 놓고 이 향 다 타기 전에 법문하다가 내가 간다 하고 그냥 떡 가 버리고 그러지요. 그렇게 좌탈입망坐脫立亡하고 자유자재하면 듣기에도 통쾌하지 않습니까? 죽음 앞에서 아파서 쩔쩔 매며 정신없이 가기보다는 자기 마음대로 옷 벗어 버리듯이 훌쩍 가는 것이 그 누가 봐도 좀 통쾌하지요.

그렇다고 조사 스님네가 그렇게 죽는다고 해서 꼭 열반이라 볼 수는 없는 것입니다. 그러나 어찌됐든지 통쾌하게 고통을 벗어나는 것이 좋기는 좋지요.

자기가 닦는 것만큼 세계가 넓어지고 또 시야가 넓어집니다. 높은 정상에 올라가서 산을 바라본 것하고 반쯤 올라 가서 바라본 것하고 산밑에서 바라 보는 것하고 그 차이가 있을 것 아닙니까?

그러니까 열반의 경지에 완전히 이르지 않았다 하더라도 생사에 대해서 애착이 없이 가는 그런 조사도 있는 것이지 부처님마냥 아주 참으로 완전무결하게 열반에 들었다고 보기에는 무리가 있지요.

깨달음과 닦음

교계에서 깨달음에 이르는 수행론으로서 '돈오돈수頓悟頓修', '돈오점수頓悟漸修'에 대해 많은 논쟁이 있는데, 스님께서는 돈오돈수와 돈오점수에 대해서 어떻게 생각하고 계십니까?

아기는 태어날 때부터 이미 이목구비가 다 있지요. 커 가면서 눈이 하나 더 생기고 코가 하나 더 생기는 것이 아니라, 태어날 때 이미 완전하게 사람의 모습을 갖추고 있습니다.
그렇다고 아기가 완전하게 사람 구실을 할 수 있느냐 하면 그렇지는 않습니다. 누군가 보호하여 키우지 않고 그냥 내버려 두면 어디 가서 떨어져 죽거나 굶어 죽고 말겠지요. 따라서 부모의 정성과 사랑으로 따뜻하게 보호하여 키워야만 비로소 한 사람의 성인이 됩니다.

비유하자면 돈오점수頓悟漸修가 이와 같습니다. 결국 아기는 조금도 모자람이 없이 완전한 사람과 똑같기는 하지만 그 상태로는 사람 구실을 못하고, 보호를 받고 자라야 어른이 되듯이, 깨달음을 얻고 난 뒤에도 이러한 수행 과정을 거쳐야만 완전한 깨달음에 이른다는 것이 그 핵심 내용이지요. 그래서 우리가 공부하는 방향을 확실히 알고 닦아 나가는 수행론이 돈오점수라 말할 수 있습니다. 그런데 외도들은 이 진리의 방향을 모릅니다.

도란 본래 불생불멸不生不滅하는 내 마음을 깨치면 되는데, 외도들은 자신을 잊어 버리고 바깥에 의지합니다. 무슨 신이 나를 만들고 우주도 만들었다고 주장하는 바로 그것이죠. 이렇게 되면 진리의 근본에서부터 어긋나 버리게 됩니다. 자신에 의하지 않은 깨달음은 출발부터 목표가 잘못 설정되었기 때문에, 아무리 공부를 해 봐야 성취되지 않습니다. 이를테면 돌덩이나 나무 뿌리가 어린아이인 줄 알고 백날 키워 봐야 사람이 안 되는 것은 그 근본이 사람이 아니기 때문입니다.

'돈오頓悟'는 완전한 진리를 파악한 것입니다. 어린아이라고 사람으로서 모자라는 것이 아니라 깨달음 바로 그 자체라는 것이지요.

그런데 '점수漸修'라는 것은 자꾸 닦아서 완전하게 사람 노릇을 할 수 있게 하는 것입니다. 즉, 진리를 알았더라도 스스로 수행하지 않으면 제대로 받아쓰지 못함을 말하지요. 이를테면 어린아이가 이목구비가 다 갖추어져 있고 육신이 다 성장했다고 해서 사람 구실을 온전히 다하기란 어렵다는 것입니다.

우리가 공부하면서 이 육신은 허무한 것이요, 참으로 불생불멸하는 생명체가 있다는 것을 알았다고 해서 육신의 허무한 이치를 잘 활용하고 있느냐 하면 그렇지 못하고 여전히 몸에 대한 미련을 갖게 됩니다. 진정 허무한 것을 알았으면 누가 내 몸을 베려고 한다 해도 선뜻 몸을 내놓을 수 있어야 하는데, 그것이 안 되고 몸에 대한 애착이 남아 도사리게 되지요. 그것은 아직 점수漸修가 되지 않아서 입니다.

이 몸이 불생불멸하다는 것을 알았으면 마음대로 몸을 집어던질 수 있어야 되는데 그것이 그렇게 잘 안 됩니다. 그러니까 공부를 해서 자꾸 행을 닦는 이것이 돈오점수입니다. 돈오점수는 완전히 알아도 점점 닦아 들어 가야 된다는 것입니다.

한편 돈오돈수頓悟頓修는 다음과 같이 비유할 수 있어요. 맞은편의 과녁을 겨냥하여 활을 힘차게 잡아당기면 벌써 맞는 자리가 결정되고 맙니다. 그 자리는 누가 새로이 활을 당겨 쏠 수 없는 완전히 닦은 자리를 상징하는 것입니다. 이것은 수행의 과정에 있어서 깨치는 동시에 완전히 할 일을 다 해 버린 경지이지요. 이렇게 되면 대근기라 할 만합니다. 그래서 옛날 조사 어른들도 깨치면서 그대로 할喝을 했던 것입니다. 화살이 튕겨 나와 과녁판이 찌그러진 다음에는 이제 내가 노력할 필요가 없게 되어 버립니다. 활시위를 당긴 다음에는 내가 낮잠을 자서 그 부분이 거꾸로서도 상관없고, 다시 더 닦을 필요없이 다 닦아 버린 자리이기 때문입니다. 그러므로 돈오돈수란 화살을 한 번 쏘아 과녁을 틀림없이 맞춘 것에 비유합니다. 그것을 또 한 타래 실을 끊음에 만 가닥이 끊어짐과 같고, 한 타래 실을 물들임에 만 가닥이 일시에 물드는 것과 같다고 비유하지요.

이처럼 돈오돈수는 돈오 즉, 깨달음을 기본으로 하는 수행론으로서 더 이상의 깨달음이 있을 수 없는, 단박에 깨치는 완전한 깨달음에 이르는 공부입니다.

이외에 점오점수漸悟漸修가 있고, 점수돈오漸修頓悟 등의 7대 돈점이 있는데 그 설명이 각각 다르지요.

이 7대 돈점 중에서 점오점수는 뭐와 같으냐 하면 큰 고목이 있는데 그 나무를 쓰러뜨리려 했을 때, 도끼로 한 번 내리쳤다고 해서 넘어가지는 않지요. 한 번 친 것만큼 끊어져 나가고, 두 번 치고 세 번 치고 해서 백 번 천 번 치다 보면 마지막에는 넘어가 버리게 됩니다.

비유하자면, 이때 깨달음과 행이 동시에 다 된 것입니다. 고목을 한 번 쳐서 다 안 넘어 가더라도 내리친 것만큼 넘어 갔고, 그렇게 치다가 마지막 순간에 그 힘이 모아져 넘어 간 것처럼 점점 닦아 수행하여 깨달음을 이루는 수행이 점오점수라는 것입니다.

점오점수의 수행론은 깨달음과 닦음이 점진적으로 이루어진다는 말씀이군요.

그렇지요. 넘어 가는 것이 눈에 보이지 않는다 해도 친 것만큼 넘어 간 것입니다. 그리고 마지막에 쳐서 나무가 넘어 갔다고 해서, 마지막에 친 것으로 넘어 간 것이 아니고 여러 번 친 힘이 모두 합해져서 넘어 가는 과정을 점오점수라 비유할 수 있지요.

깨달음과 닦음에 대한 논쟁이 상당한데 그 논쟁에 대한 큰스님의 견해는 어떻습니까?

논쟁이 나와 봐야 알지, 그냥 무조건 어느 것이 옳다고 볼 수는 없는 일이지요. 논쟁이란 그 상황에 따라서 논쟁하는 것이지 막연하게 논쟁에 대한 견해를 말할 수는 없지요.

교계에서는 성철 스님께서 돈오돈수를 강력하게 주장하고 계신 것으로 알고 있는데 이 점에 대해서는 어떻게 생각하시는지요?

보조국사의 돈오점수설에 대한 비판을 하고 나선 것을 말하는군요. 보조불일선사는 견성을 먼저 하고 닦는다 해서 돈오점수를 말씀하셨는데, 성철 스님은 '조사 가풍에는 돈오돈수지 돈오점수란 있을 수 없다.' 즉, 한 번 깨치면 더 깨칠 것도 없고 닦을 것도 없다는 것을 주장하고 있지요. 이러한 의견은 이제 그 주장하는 사람의 역량에 따라 말할 수 있는 것이어서, 어느 것이 옳다 그르다 말할 수 없어요.

아무튼 성철 스님은 돈오돈수를 주장하여 한 번 딱 깨치면 그대로 부처여서 더 이상 닦을 여지가 없다는 것입니다. 성철 스님은 그런 경지를 자기 스스로 체득한 것이지요. 그렇다면 그런 경지에 이른 사람한테는 돈오돈수가 맞으리라 봅니다.

그러나 돈오점수 쪽에서는 내가 분명히 부처 되는 이치를 깨달아 알았지만 당장 부처님처럼 될 힘이 없으니 차차 닦아 나아가야 한다고 주장하는 것이지요.

다시 돈오돈수 쪽에서는 그렇게 하면 잘못된 수행이다. 깨달았으면 다 된 것이지 따로 닦을 이유가 어디 있느냐고 하는 겁니다.

그러니 둘이 서로 싸울 만한 수행 방법론이고 또 싸워 봐야 시비가 가려지겠지요.

큰스님께서는 저마다 다 이유가 있다고 보시는 입장이신가요?

아니지요. 그것을 그렇게 말해서는 안 되지요. 그것은 깨달은 사람의 말씀만 시비하는 것입니다. 따라서 요즘 학자들이 얘기하는 논쟁은 그저 희담밖에 안 되고 있어요.

한번 생각해 보세요. 성철 스님의 말씀이 옳은지, 안 옳은지는 성철 스님이 되어 봐야 알 수 있지요. 옆 사람이 시비를 가린다고 판정되는 게 아니라고 봅니다.

그러니까 문제는 그런 경지에 이르렀는지 안 이르렀는지는 진정 깨달은 사람이 나타나서 대결해 봐야 아는 것인데 그렇게 싸울 만한 사람이 안 나타난 것입니다. 싸움이 본래 그렇잖아요. 내가 돈오해서 닦을 행위가 더 이상 없다는 것은 부처가 다 되었다는 소리입니다. 그러니까 실력 대항을 해 봐서 그렇게 되었다면 성철 스님 말씀이 틀림없는 것이고, 자기가 돈오해서 그렇게 안 되었다면 그것은 자기와 안 맞는 말이겠지요. 돈오해서 생사에 아무런 구애받지 않고 자유자재하다면 그 말이 옳지만 만약에 그렇게 안 되었다면 돈오했다는 것이 잘못된 것입니다. 돈오했다면 일체 법에 자신만만하게 대항하고, 자재하는 입장인데 돈오점수 쪽에서는 견성을 하기는 했는데 신통도 안 되고, 자기 완성이 안 되었으니 좀 닦아야 함을 이야기하는 것입니다.

그러나 이것도 저것도 돈오를 하지 못한 상태에서 말하는 것은 땅 짚고 헤엄치는 소리지요.

마음은 모양이 없기에

모든 종교는 저마다 진리를 구하는 길을 내세웁니다. 불교에서는 그 진리란 밖에서 구하는 것이 아니라, 자기를 돌이켜 안에서 찾는 것이라 합니다. 그렇다면 자기 안의 무엇을 어떻게 하여야 그 진리를 찾는다는 뜻인지요.

모든 것은 하나만 알면 다 알게 됩니다. 사실 '밖에서 찾는다, 안에서 찾는다.' 그런 말부터 모순이지요. '불교에서는 안에서 찾는다.' 하는 소리는 다만 외도外道들이 자기 마음은 놓아 두고 바깥에 있는 조물주나 신을 좇아 헤매니까 이에 반反해서 불교는 바깥으로 헤매지 않고 자기 중심을 갖고 안에서 찾는다는 것을 설명하기 위해 나온 말입니다. '안'이라는 것도 독립된 말이 아니므로 근본적으로는 안이 바로 밖이며, 밖이 바로 안이지요. 그러니까 외도들의 사상을 배격하는 상대적 논법으로 안과 밖을 말한 것이지, 엄격하게 따져서 어디 안과 밖이 있느냔 말입니다. 다만 자기 중심 버리고 뚱딴지같이 바깥에서 신을 찾으니 그 소리를 배격하는 말로 '밖' 이라 하는 것이지요.

인간 마음이 본래 부처라 하면 어떻게 오염이 되어 중생이 되었는지, 아니면 본심은 오염이 안 되는 것인지요?

모든 것은 인간 스스로 만든 것입니다. 비근한 예를 들어 얘기하면, 어린아이가 나올 때 술잔을 들고 나온 아이가 없고 아편 중독 되어 나온 아이가 없어요. 나쁜 친구를 만나 놀다 보면 술 안 마시면 못 배기게 되고 아편 중독 되면 재산을 탕진해서라도 주사 맞으러 가야 한다는 말이지요. 누가 그것을 만들었느냐? 배 안에서 누가 가르친 것이 아니라 자기가 나와서 만들었다는 말입니다. 누에가 스스로 고치실을 만들어 감겨있듯이 전부가 자업자득이죠. 자기 스스로 한 거지요.

그러나 그런 중독에 걸려도 용기 있는 사람은 하루아침에 법문을 듣고 탁 털어 버리면 그 자리에서 새 사람이 됩니다.

그 모든 것이 한바탕 허공에 구름 일듯이 일어 나는 겁니다.

'본래 청정한 부처 자리인데 어째서 어지러운 세계가 일어 나느냐?' 화두에도 나옵니다. 내 말이 이해 안 되면 오늘 밤 잠 자지 말고 한번 생각해 보세요. 본래 부처가 왜 이리 때가 묻었느냐? 이건 남한테 들어서는 안 됩니다. 자기가 깨쳐야 됩니다. 아무리 설탕이 달다 얘기해도 설명만 들어서는 몰라요. 자기가 설탕을 집어 먹어 봐야 '아, 설탕 맛이 이렇구나.' 하고 알듯이 자기가 체달해야지 말로는 안 되요.

모든 게 다 그렇습니다. 견성오도見性悟道하는 것도 말로 전해 줄 것 같으면 하루아침에 다 이해되죠. 그러나 배워서는 안 됩니다. 의심을 한번 해 봐요. 참으로 그 도리가 나옵니다.

각자가 마음을 따로 갖고 있는 것인지 근본 마음은 하나인지요? 만약 각자 마음을 갖고 있다 하면 여러 개가 있을텐데 그러면 마음이 늘어났다 줄어들었다 하는 것인지요?

마음이 여러 개 있다고 해도 맞는 말이고 마음이 한 개도 없다고 해도 맞는 말입니다. 그것이 무슨 소리냐. 마음을 보세요. 남을 미워하는 마음, 좋아하는 마음, 모략하는 마음, 칭찬하는 마음……, 이렇게 수천 가지 마음이 있으니 여러 가지 마음이라고 볼 수도 있다는 말입니다. 말하자면 물에 파도가 일어 나도 바람에 따라 똑같지 않거든요. 굵은 파도, 작은 파도, 모난 파도, 칙칙한 파도, 동그란 파도 등이 있듯이 말입니다. 그것은 마음이 일어 나는 한 작용입니다.

근본 마음은 하나고 둘이고 숫자가 없어요. 가령 내가 묻겠어요. 허공도 큰 허공이 있고, 작은 허공이 있고, 삐딱한 허공, 모난 허공이 있는 것은 아니잖습니까? 생각해 봐요. 허공은 가없기 때문에 허공이 얼마나 크냐, 허공이 몇 개 있느냐, 이런 질문은 말이 안 됩니다.

우리 마음도 모양이 없습니다. 모양이 없기 때문에 크고 작고 그런 것이 있을 수 없고 한계가 있을 수 없습니다. 몸은 모양이 있으니까 몇 개다 이러지만 마음은 모양이 없어요. 둥근 것도 아니고, 모난 것도 아니고, 긴 것도 아니고, 짧은 것도 아니고, 강한 것도 아니고, 부드러운 것도 아니고, 붉은 것도 아니고, 흰 것도 아니고, 거무스름한 것도 아니고, 푸르스름한 것도 아니고 마음에는 일체 형상이 끊어졌다 이겁니다. 그것이 무슨 여러 개로 늘어나고 줄어들고 하는 것이 있겠습니까? 허공이 늘어났다 오그라드는 것 봤어요?

모양 없는 이 마음은 천 개 만 개 포개도 모양이 없으니 서로 상처가 안 됩니다.

모양 있는 것은 조그마한 그릇에 큰 것이 담기지 않고 둥근 그릇에 모난 것이 담기지 않습니다. 모양이 있으니까 상처가 되지만 마음은 모양이 없습니다. 내가 마음 크게 쓴다고 해도 옆 사람 크게 쓰는데 장애가 안 되죠. 서로 모양이 없으니 내 마음 지나가는데 왜 네 마음 병이 드느냐 그런 것이 있을 수 없습니다. 생각해 봐요. 똑같은 사람을 좋아하고 있어도 내 좋은데 왜 내 좋은 것 네가 빼앗아 가느냐 그런 것이 없거든요. 그렇잖아요? 천만 사람의 마음이 서로 하나도 구애받지 않아요. 그러니까 마음을 따지고 이해하는 일 그 자체가 잘못된 것입니다. 마음을 뭐라고 말할 수 없거든요.

마음은 모난 것도 둥근 것도 아닙니다. 본시 마음이 모가 났다면 다시 둥글지 못하고, 마음 그 자체가 본시 악하다면 다시 착하지 못할 것입니다. 일체 형상이 없기 때문에 이놈은 둥글게도 쓰고, 모나게도 쓰고, 악하게도 쓰고, 착하게도 쓰고, 천하게도 쓰고, 천자만별로 일으켜 써도 아무 장애가 없습니다.

허공이 모양이 없기 때문에 둥근 것 갖다 놓아도 걸리지 않고, 모난 것 갖다 놓아도 걸리지 않고, 불로 태워도 그슬리지 않고, 칼로 끊어도 끊기지 않는 것과 같습니다. 모양이 없는데 상할 수 있나요. 그래 '만약에 부처님의 경계를 알고자 하면 그 마음을 허공같이 비우라.' 라는 말이 있습니다.

모든 망상을 다 여의고 근본 마음에서 보면 일체 거리낌이 없습니다. 지옥을 가든지 천당을 가든지 웃기든지 울리든지 상관없는 이 마음은 천 개, 만 개 있어도 상처가 안 됩니다.

그렇게 위대한 것이 이 마음입니다. 이 마음이 우주를 창출해 냅니다. 마음이 지옥도 건설하고, 천당도 건설하고, 도깨비도 건설하고, 귀신도 건설하고, 온갖 삿된 것도 건설하고, 착한 것도 건설하고 전부 마음이 그렇게 합니다. 일체유심조라, 모든 것을 마음으로 짓습니다. 참 묘한 것이 마음입니다.

이 세상 물건은 모양이 있어 서로 뺏고 싸우지만 마음은 전체가 한 없는데 누구하고 마음 뺏으려고 서로 싸울 사람 있느냔 말입니다. 천 사람이 기쁜 경계에 웃는다고 해도 서로 웃는 그 마음을 빼앗을 수 없습니다. 자기 웃는 데 방해되지도 않고요. 천만 명이 같이 춤추고 노래한다고 해도 "왜 내 흥을 네가 빼앗아 가느냐."라는 것은 없습니다. 모양이 없기 때문에 그렇지 않겠어요?

허공을 말로 재든지 저울로 달 수 없듯이 중생의 업력으로 일어난 사량으로 마음을 따진다는 것은 될 수 없습니다.

내가 젊었을 때 만공 스님 회상에 갔더니 식량이 없다고 방부를 안 받더군요. 그래 식량이 없으면 내가 동냥 해오겠다고 하고는 동냥을 갔는데 청년들이 어른들하고 가을마당에 타작을 하다가 내가 동냥을 가니까 "야, 저 중 몇 근이나 되는지 우리가 달아보자."라고 했어요. 그때 내가 고함을 한번 벽력같이 지르고는

"우선 이 소리가 몇 근 나가는지 달아 봐라." 그랬지요. 소리가 몇 근 나가는지 달 수 있어요? 그렇다면 몸뚱이만 달아 봐야 되겠어요? 몸뚱이에서 소리도 나오고 별 것이 다 나오는데 그것까지 달아야 될 것 아니에요. 그러니 그 단다는 것이 자기네가 달 수가 없잖아요. 그것과 같이 우리의 마음 세계는 누구도 묶어갈 수도 없고 뺏아갈 수도 없습니다.

몸뚱이는 모양이 있기 때문에 납치해서 별짓 다 할 수 있지만 모양이 없는 마음을 누가 묶어 가고 누가 빼앗아 갈 수 있느냐 이겁니다.

그래 형무소에 갇혀 있어도 천당을 수용하는 사람이 있고, 좋은 데 살아도 마음은 지옥에 살아 쩔쩔 매는 사람이 있는 것입니다. 물질에서 인간의 행복이 오는 것이 아닙니다. 죽을 먹고살아도 내외간에 서로 마주보고 웃으며 행복하게 사는 사람이 있고, 좋은 음식을 산늑 쌓아 놓고도 부아가 나서 소화가 안 돼 쩔쩔 매는 사람이 있는 것입니다.

정진할 때 마음 자리를 단전에 둬야 하는지 행간에 둬야 하는지요?

마음 자리가 어디에 있다고 단전에 두고 행간에 두고 하는가요? 『능엄경』에도 보면 "아난아, 마음이 어디 있더냐?"고 부처님이 물으시니 "내 속에 있습니다."라고 그랬거든요. 속에 있으면서 모든 것을 판단한단 말입니다. 산이고, 물이고, 불이고, 짐승이고 모든 것을 판단하고 밝게 아는 그게 마음인데 안에 있다니까 부처님이 다시 물으시기를 "배 안에 있다면 창자가 돌아 가는 것이 다 보이느냐?" 하니 창자가 안 보였거든요. "아, 그럼 밖에 있습니다." "밖에 있어? 허공에 있으면 너하고 무슨 상관이냐?" 그러셨거든요.

마음이 모양이 있어야 어디 두고 말고 하지, 모양이 없는데 단전에 두고 뭐고 할 수가 있겠어요? 외도들이 하는 소리지, 부처님의 말씀에 그런 법은 없습니다. 모양이 없는데 마음을 어디다 두겠어요.

말하자면 우주 전체에 마음이 없는 자리가 없어요. 우주 전체를 다 삼키고 있는 것이 마음입니다. 한계가 없어요. 마음이 얼마나 큰지 둥근지 모가 났는지 짧은지 어디 이야기 해 봐요. 형상이 없는데 마음을 어디에 둔다는 소리는 성립이 안 되지요.

우주로 뻗치면 우주의 삼천대천세계도 다 내 마음속에 있습니다. 허공이 그렇잖아요. 한계가 없거든요. 어디까지가 허공 끝이냐고 물으면 뭐라 대답하겠어요. 허공의 끝은 어디고 시작은 어디냐 하면 바로 눈앞이 시작이고 끝이지, 아무리 허공을 좇아 간다 해 봐야 바로 눈앞입니다.

    마음도 그래요. 시작도 없고 끝도 없이 본래 구애를 받지 않는 것이 우리 마음입니다.

검은 것이 오면 검게, 흰 것이 오면 희게

옛 조사 스님들께서는 '평상심平常心이 도道다.'라는 말씀을 하셨습니다. 깨달은 이나 중생이나 똑같이 평상심을 갖고 생활하는데 평상심이 도라 하니, 애써 깨달음을 구할 것도 도를 얻을 것도 없지 않습니까? 이 평상심에 대해서 말씀 좀 해주십시오.

평상심이란 목마르면 물 마시고, 배고프면 밥 먹고, 졸리면 자고, 앉고 싶으면 앉고, 서고 싶으면 서고 하는 즉, 우리가 일상생활 속에서 일으키는 것입니다.
우리들은 '도'라 하면 뭔가 기상천외하고 별스런 것을 떠올리지만 사실 특별한 게 아닙니다. 불법은 이 세상에 있는 것이니, 세간을 떠난 깨달음이란 있을 수 없습니다.

예를 들어서, 사람들은 보통 기쁜 일이 있으면 웃음이 저절로 터지게 되고, 슬픈 일이 있으면 우울해지고 울음이 쏟아지게 됩니다. 그런데 만약 어떤 이가 기쁜 일이 있어도 웃지 않고 슬픈 일이 있어도 울지 않는다면 뭔가 부자연스럽게 보일 것입니다. 기쁜 일 있으면 웃는 것이 당연하고, 슬픈 일 있으면 눈물 흘리는 것이 당연하지, 시치미 뚝 떼고 웃지 않고 울지 않는다면 그 사람은 벌써 도에 어긋난 생활을 하는 것입니다. 밥을 만나면 밥을 먹고 차를 만나면 차를 마시는 자재自在한 생활을 할 때 삶이 즐겁고 안온할 수 있습니다.

기탄없는 마음으로 행동한다면 그게 바로 도입니다. 그러니 어른보다도 오히려 어린아이의 순수한 마음이 도심道心에 더 가깝다 할 수 있습니다. 아이들은 제 맘에 안 맞으면 발버둥치며 울기도 하고 제 맘에 맞으면 금방 웃는데, 어른들은 벌써 때가 묻어 있어 자꾸 겉치장을 하려 합니다. 슬퍼도 안 슬픈 척, 좋아도 안 좋은 척, 서로 마음이 안 맞아도 맞는 척, 원수지간이라도 겉으로는 친한 척 전부 꾸밉니다.

꾸밀 때 벌써 도에 어긋나 버립니다. 꾸밈과 허식없는 마음 내기가 쉬울 것 같지만 참으로 어렵습니다. 사람들은 전부 자기 색으로 칠하고 자기의 안경을 덮어쓰는 등 자신을 가리고 삽니다. 가리고 산다는 것은 괴로움이 됩니다. 그러니 세상 살아 가는 순리順理에 따라서 솔직하게 드러 내고 사는 것이 바로 도라 할 수 있습니다.

살이 가시에 찔리면 아픈 법입니다. 그런데 아픈데도 아프지 않은 척 행동한다면 그 사람의 행동은 벌써 허물이 됩니다. 우리는 무량겁래無量劫來로 익혀 온 버릇으로 평상심을 바로 못 쓰고 예의와 가식, 허울을 덮어쓰고 삽니다. 세상 사람들은 앞에서는 상대와 친한 척 하지만 뒤로는 원수마냥 헐뜯고 욕하고 처처에 시비가 끊이지 않습니다. 도인道人은 아무런 꾸밈도 없고 순진 무구한 어린아이같고 과장된 가식도 없습니다.

어떠한 꾸밈도 가식도 없는 곳, 자기 그대로를 발로發露하며 사는 곳, 그곳에 바로 평화로움이 깃들게 됩니다.

평상심이 안되는 까닭이 무엇이겠습니까?

자기 몸이 아프면 아플 뿐인데 그 아픔 가지고 이리저리 따지고 분별하면 평상심이 안 됩니다. 마음에 뒷그림자가 없어야 합니다. 아픔이 다가 오면 아파하고, 슬픔이 다가 오면 슬퍼하되, 더 이상 마음속에 두지 말고 깨끗이 보내야 합니다.

밝은 거울은 검은 것이 앞에 오면 검게 비춰주고 흰 것이 오면 희게 비춰 줍니다. 거울 앞에 검은 것이 왔는데도 거울 맘대로 색상을 선택해서 다른 색으로 비추지 않습니다. 밝은 거울은 물체를 그대로 비출 뿐이며, 물체가 지나 가면 아무런 자취도 남기지 않습니다. 마찬가지로 우리가 일상 생활을 거울 같은 평상심으로 살면 뒷조건이 따라 붙을 수 없습니다.

이 세상 사람들은 제 뜻에 안 맞으면 어떻게든 조건을 붙여서 갖은 모략을 하고 싸움질을 합니다. 도인은 뒷그림자가 붙지 않는 생활을 합니다. 괴로운 경계가 닥치면 그대로 맞아 들이고, 또 그 경계가 사라지면 자기 마음속의 괴로움도 곧 사라지니 아무 상처도 받지 않게 됩니다. 마음 가운데 일물一物도 잔류殘留하지 않으면 무심도인無心道人이지요. 무심이기 때문에 일체의 분별망상이 끊어져서 모든 중생을 내 몸으로 생각합니다.

이와 같이 중생을 내 몸으로 보기 때문에 원수 갚을 곳도 없고 은혜 갚을 곳도 없습니다. 피아상彼我相이 끊어진 자리에서는, '저 사람이 나를 불리하게 하니 원수 갚아야 하겠다.'라는 생각이 있을 수 없지요.

부처님 당시, 유마 거사란 분이 병에 걸려 자리에 누워 앓고 있자, 국왕에서부터 바라문, 거사들이 병 문안을 다녀 갔습니다. 하루는 부처님의 명을 받은 문수 보살이 병 문안을 와서 물었습니다.

"언제 병이 낫겠습니까?"

"일체 중생의 병이 끝나면 내 병도 낫습니다."

'일체 중생 어느 한 사람이라도 병을 앓는다 하면 어떻게 내 마음이 편할 수 있겠는가.' 하는 이 마음이 바로 보살의 동체대비심 同體大悲心 아니겠습니까?

그래서 지장 보살님도 지금까지 지옥문 앞에 서서 눈물을 거두지 못하고 있습니다. 지옥이 엄연히 있고 중생들이 분명히 고통을 받고 있는데 어떻게 나 혼자 편할 수 있겠느냐는 말입니다.

평상심에 대한 이해는 마음으로 따지거나 짐작으로 생각해서는 어렵습니다. 완전하게 자기 마음을 습득할 때 이해가 되지, 깨닫지 못한 세계에서는 아무리 깨달은 세계를 이해하려 해도 깨닫지 못한 세계 밖에서 얼쩡거리는 것밖에 안 됩니다.

꿈속에서 아무리 논리적으로 밝게 따져 보았자, 그것은 결국 꿈 안의 세계밖에 못 따집니다. 꿈을 깨야 비로소 꿈 밖의 세계를 논할 수 있듯이 자신이 미迷한 상태에서는 아무리 따져 봐야 미한 세계의 테두리를 못 벗어 납니다.

내가 깨닫기 전에는 절대 오자悟者의 세계는 이해할 수 없습니다. 만약 납득이 된다면 그 사람은 깨달은 사람입니다. 내가 깨닫지 못했기 때문에 자기의 깨닫지 못한 저울대 위에 놓고 달고 있는 겁니다. 미迷한 저울로는 깨달은 세계가 절대 달아지지 않습니다.

팔만 사천 경전을 다 통독하고 달달 외워도 자신이 꿈 깨기 전에는 아무 소용이 없습니다. 미한 세계의 테두리를 벗어 나지 못하고 미한 저울대 위에서 노는 것밖에 안 됩니다. 정확하게 볼 줄 알아야 합니다. 확철대오로 깨달아 알 때, 죽음의 문제 앞에서도 당황하지 않습니다. 아무리 머릿속으로는 '이 몸뚱이야 어차피 백 년 안짝에 쓰러질 허망한 것이니 죽음을 당해서도 초연하리라.'라고 되뇌어도 자신이 실제로 생사없는 도리를 보지 못한다면 막상 죽음에 닥쳐서는 두려워집니다.

우리가 설명 듣고 평상심을 느끼는 것과 직접 깨달아 느끼는 것과는 이렇게 천지 차이로 다릅니다.

하나가 통하면 다 통하는 도리

　　부처님께서 입멸하신 후 제자들에 의해 결집된 경전은 부처님의 가르침으로, 2500여 년이 지난 오늘날까지도 이어져 오고 있습니다. 그런데 한편으로 의심이 가는 점은, 경전은 부처님께서 재세하시던 그 당시 언어로 기술되었을 것이고, 그것이 다시 중국으로 넘어 오면서 한문으로 번역되고, 또 한글로 번역되는 과정을 거치면서 혹 부처님의 근본 뜻과는 다르게 잘못 전해질 수 있지 않았겠느냐는 것입니다. 그래서 과연 석가모니 부처님께서 설하셨다고 하는 진리의 말씀 즉, 지금의 경전을 100% 그대로 부처님의 가르침이라고 받아 들일 수 있을까요?

　　누구든지 마음의 눈만 뜨면 일체 만법, 진리를 다 알 수 있습니다. 그러므로 부처님 당시, 설사 언어가 통하지 않아도 서로 마음의 눈만 뜨면 얼마든지 진리를 전달할 수 있었습니다. 오히려 우리가 육근문六根門을 통해 전하는 것은 극히 얼마 되지 않는 소소하고도 한정된 것이지만, 마음이 열리면 눈만 마주쳐도 간단히 도가 통하는 아주 묘한 이치가 있습니다. 이것을 모르니, 언어도 소통되지 않았는데 어떻게 가르침이 정확하게 전해졌겠느냐 하는 의문이 생기겠지만 부처님 당시 많은 눈밝은 제자들이 계셨고 또 그 법이 대대로 전해져, 가령 달마 스님이라든지 현장 법사라든지 도가 열린 분들에 의해 중국으로 전해지고 우리나라에까지 분명히 전해져 온 것입니다.

바닷물은 한 번만 찍어서 먹어 보아도 바닷물 전체가 짜다는 것을 알 수 있듯이, 이분들이 모두 도를 깨친 분들이기 때문에 경전을 한 번 보면 전체를 다 압니다. 바다를 동서남북으로 배타고 다니면서 다 맛보아야만 그 물이 짜다고 아는 것은 아니잖아요?

진리라는 것은 다 똑같으므로, 깨달은 사람은 말하기 전에 벌써 통합니다. 그래서 도인들의 말이 설사 부처님 말씀이 아니다, 경전에 없는 말이다 하더라도 누구든지 깨치면 부처이니 그 깨친 이가 한 말이면 바로 부처님 말씀이 되는 것이지요.

석가모니 부처님만 진리를 전매특허한 것은 아닙니다. 누구든지 깨치면 곧바로 진리의 세계에 들어 가기 때문에 깨친 사람끼리는 다 통합니다. 우리나라의 모든 도인들도 경전을 딱 한마디만 보면 전체의 잘못된 부분까지 다 바로잡을 수 있는 힘이 있습니다.

그런데 미련한 이들은 자기네 반딧불 같은 소견만 가지고 '옳게 번역되었나 잘못 번역되었나'를 따지는데 이는 어리석은 소리지요. 글자 몇 자에 의지해서 연구하는 것은 헛된 일이라 하겠습니다. 진리는 협소한 것이 아니어서 하나가 통하면 다 통하게 됩니다.

가령 내가 외국말 하나도 모르는데 프랑스나 영국을 갔다 합시다. 그런데 내가 지금 몹시 배가 고프거든요. 그래도 밥달라 소리를 못 하잖아요? 그러나 돈을 내주고 배고픈 시늉만 하면 상대방은 즉각 알아차립니다. 그리고 소변이 급한 경우에도 시늉만 해 보이면 내 사정을 알아차리고 화장실을 가르쳐줍니다. 글 외에도 통하는 이치가 있으니, 소소한 글자 그까짓 것이 큰 문제가 되는 것은 아니에요. 마음만 통하면 천하의 지혜를 밝히는데, 그까짓 언어나 문자에 집착해서 어찌 통하겠습니까?

아무 말 하지 않아도 진실한 음성은 시방에 가득 차 있으니 말 밖에서 찾을 일이지요. 그러니 지적인 이해나 관념적인 것으로 따지고 살피는, 협소하고 미迷한 세계에 빠져 살지 말고 더 넓게 안목을 넓혀 보세요. 그러면 천하가 다 내 손바닥이 되지요.

부처님께서 주신 팔만 사천 가르침이 다 소중하고 고맙습니다. 그러나 공부에는 순서가 있을 듯합니다. 저희가 경전 공부를 하려면 어떤 순서로 보아야 좋겠는지요.

경전은 무슨 경전이든지 보면 그대로 다 도움이 됩니다. 무슨 경전이든지 손에 닿는 대로 보면 결국은 다 같은 소리거든요. 다르지 않습니다. 접근하는 각도가 다르고 그에 따라 표현이 다를 뿐 가르치는 방향은 다 같습니다.

경전의 뜻이란 모두 마음 맑히고 안정시키는 것입니다. 그러니까 계정혜 삼학이 바로 불교요, 경전은 모두 그 내용이지요. 성 안 내고 탈선 안 하고 음심 안 일으키고 진심 안 일으키고 탐심 안 일으키는 이런 계행을 잘 지키면 어떤가요? 계행지킨다는 것은 계행지키기 위해서 계행을 지키는 것이 아니라, 결국 우리 생활을 안정시키기 위해서 지키는 것입니다.

우리 인간이란 어떤 경계에 부딪히면 과거에 익힌 여러 가지로 나쁜 습관이 불붙듯이 일어 납니다. 계행을 지키면 그 불꽃이 사그라집니다. 성이 나면 불꽃이 튕기지요. 그래서 열이 오르고 눈이 침침하고 붉어집니다. 또 극히 좋아해도 그렇습니다. 기뻐하고 성내고 근심하고 무슨 소리에 놀라고 부러워하는 이 모든 것은 피가 움직인다는 소리입니다. 피가 움직인다는 것은 우리 마음속에 파도가 일어 난다는 말입니다. 파도가 일어 나니까 생각이 어지러워지고 정상적인 궤도에서 벗어 나게 됩니다.

그러나 계행을 지키면 파도가 가라앉습니다. 계행을 지키면 마음이 가라앉으니 용쓰고 뭐 그럴 것이 없습니다. 그렇게 계행을 지켜 마음이 가라앉으면 즉, 정이 되면 지혜가 생깁니다. 이렇게 계정혜 삼학이 불교입니다.

계행을 지키는 까닭은 다만 우리 마음의 파도를 가라앉히기 위해서입니다. 경의 말씀은 전부 마음 가라앉혀 조용히 하라는 것입니다. 그래서 다 착하게 살라고 그러지 어디 가서 남의 물건을 훔쳐라, 성을 내라, 누구를 두들겨 패라, 그런 것은 하나도 없거든요.

계행의 근본 목적은 마음을 가라앉혀 안정시키기 위한 것이요, 안정시킬 때 참으로 영원한 자기 생명의 빛을 볼 수 있습니다. 어느 경전을 보아도 전부 이 계정혜 삼학의 테두리를 벗어 나는 것이 없습니다. 말하는 각도가 다를 뿐이지요.

그러니 어느 경전을 보더라도 부처님 말씀은 다 시원하고 좋습니다. 다르지 않거든요. 그러니까 무슨 경전이라도 부지런히 보면 부처님 경전은 무엇을 읽어 보아도 볼수록 다 좋습니다.

큰스님께서 보시면서 특별히 즐겁고 환희심이 일어 났던 그런 경전이나 책이 있으셨는지요?

부처님 경전은 처음 볼 때부터 전부 조리정연해서 다 재미가 납니다. 무엇이든지 다 그렇습니다. 특히 어느 정도 고생도 하고 여러 가지 세상 경험도 듣고 사회 공부도 하고 나면 의식 세계가 여물어져서 참으로 부처님 경전이 감명 깊은 때가 있습니다. 배울 것이 다 끊어지고 할 일도 없어지는 때지요. 그래 한가한 도인은 망상을 끊으려고도 하지 않고 진리를 구하려고도 하지 않아요. 우리는 망상을 제하고 진리를 구하려고 하잖아요? 그런데 참으로 구할 것과 이론이 끊어진 사람은 망상을 끊으려 하지도 않고 진리를 구하려 하지도 않습니다.

중생의 번뇌가 밝아지면 부처이고, 헛된 몸이 없어지는 것이 곧 부처님 몸입니다. 참으로 놀랄 소리지요. 우리 중생 세계와는 각도가 다릅니다. 중생 세계는 콩이고 팥이고 검고 희고 좋고 나쁘고 전부 차별인데 참말로 마음을 쉰 사람은 그런 차별을 다 부정해 버리는 것입니다. 이런 실상 이치를 증득하면 너니 나니 하는 법이 없고, 옳고 그른 법이 없어요. 또 찰나 동안에 지옥이니 중생이니 무엇이니 하는 것이 다 잠꼬대같이 사라지는 존재다 하니 듣기만 해도 시원시원하죠.

스승이 도처에 있거늘

우리가 부처님을 스승으로 모신다는 것은 참으로 큰 기쁨입니다. 그런데 더욱 부처님의 뜻을 바르게 알고 부처 되는 길로 가려면 살아 계신 스승이 필요하다고 합니다. 불자가 스승을 모실 때는 그 마음이 어떠해야 하는지요?

스승은 제자보다 많은 것을 아니까 제자를 위해서 잘못되게 하지는 않습니다. 항상 제자를 위해서 자기 정력을 다 바치는 존재가 스승 아니겠습니까? 요즈음 그런 철저한 스승도 철저한 제자도 드물지만 본래 스승의 의미는 그런 것입니다. 제대로 된 스승은 제자의 장래를 위해서 잘못 지도하는 법이 없습니다. 잘못 지도하면 스승의 자격이 없는 것입니다. 그래서 제자는 스승의 말을 절대적으로 믿고 따라 가는 것입니다. 그럴 때 자기 세계가 넓어지고 자기도 스승이 될 자격을 갖추게 됩니다.

부처님은 '너와 내가 동등한 위치에 있다.' 라고 가르치십니다. '너는 억만 년 가야 내 제자고 나는 스승이다.' 라는 가르침은 없습니다. '모든 것은 다 평등한데 너희들은 지금 내가 깨친 세계를 모르고 있으니 그것을 가르쳐 줄 뿐' 이라고 하십니다. 우리가 신앙하는 것은 우리 중생의 고통을 여의고 영원히 생사를 초월한 자리로 나아 가도록 이끌어주신 그 가르침입니다. 그러니 당연히 존중해야 할 것 아니겠습니까? 그런 어른을 우리가 존중하고 모든 성의를 바친다는 것은 당연하지요. 그것은 부처님을 위하는 것이 아니라 바로 자기 공부하는 태도입니다.

남을 존중할 때 뭐 얻어지는 것이지, '지까짓 것…….' 그러면 뭐 얻어지는 것이 있겠습니까? 절하고 예배하고 경을 보고 하는 것이 내가 부처의 세계로 한발한발 나아 가는 정진입니다. 절대 부처님을 위해서 절하는 것이 아닙니다. 자기 자신을 위해서 부처 세계를 깨쳐 가는 한 작업입니다.

내가 인생을 행복하게 살기 위해서 배우는 것이니 내 정성을 다 바쳐서 스승을 받드는 것이 내 도리일 뿐 아니라 그럼으로써 내 공부가 온전히 잘 되는 것입니다. 스승을 섬기지 않는다는 것은 곧 자기를 섬기지 않는다는 말입니다. 스승이 공경 받으려고 스승 노릇하는 것이 아니거든요. 내가 스승을 존경하고 숭배하는 것이 내 인생을 다듬어 나가는 데 빛이 되고 힘이 되니까 스승을 모시고 이것 저것 배우는 것입니다. 그러니 전부 자기를 위해 하는 것이지 스승을 위해 하는 것이 아닙니다.

도둑을 스승 삼아 공부하여 깨친 사람이 있다는 이야기도 들었는데 그런 경우는 어떻게 깨칠 수 있었을까요?

도둑이 도둑인 줄 알고 내 스승 삼는다는 것은 말이 안 됩니다. 나쁜 사람인 줄 아는데 뭘 배우겠어요? 내가 존경하지 않는데 어떻게 얻어지겠어요. 다만 도적이 횃불을 들고 갈 때 그 도적이 밉다고 횃불 빛을 안 받으면 구덩이에 떨어진다는 말이 있지요. 그것이 무슨 말이냐면, 도적이라도 좋은 점은 배운다는 것이지요. 나쁜 점을 배우는 것이 아닙니다. 도적이라 해도 100% 다 나쁘지는 않거든요. 사람 가리지 말고 좋은 점을 배우라는 말이지요.

그러니 그것이 어느 정도 배울 줄 아는 차원 높은 이야기지 신심도 없는 사람에게야 해당 안 되는 이야기지요. 저놈이 고약한 줄 알아도 배울 수 있다는 것은 벌써 자기가 선택할 수 있는 차원 높은 이야기지 보통으로는 말이 안 맞는 것이지요.

어릴 때는 스승을 찾을 줄 모릅니다. 소학교 때는 부모가 정해 주면 선생인가 보다 하고 나쁜 짓을 해도 잘 모르고 그것이 좋은 줄 알고 흉내내기도 합니다. 그것밖에 모르니까요. 그러나 어느 정도 자기 지혜가 발달하면 초등학교 선생님만으로는 배울 것이 부족한 것을 느끼지요. 이치가 그렇습니다. 또 그렇게 되니 모든 것이 자꾸 발전하는 것이지요.

자기가 스스로 스승을 선택할 정도라면 이 세상 말로 하면 고등학교 전문학교 이상 정도라야 스승을 선택할 줄 알고 또 대학생이 되면 오히려 선생하고 맞설 수도 있는 것입니다. 그렇듯이 공부도 어느 정도 올라 가면 내가 판단해서 설사 도둑놈이라 할지라도 옳은 것만 취하면 되는 경지가 됩니다. 그것은 내 공부가 상당히 되어야 할 소리지 일상적으로는 안 되는 소리지요.

그런데 고약한 도둑놈한테 배울 것이 뭐 있겠어요? 그것은 특별한 예일 뿐입니다. 다만 공부하는 데 사람을 가리지 마라는 뜻이지요. 설사 그 사람이 좋지 않은 평판이 있더라도 그 사람의 좋은 점을 배울 수 있는 지혜가 있을 때 이야기지, 판단 못 하는 초등학교나 중학교나 유치원 학생들한테는 안 되는 이야기지요.

아무리 훌륭해도 부처님처럼 결함 없는 선생은 없습니다. 그래서 사생四生의 자부慈父요, 욕계 색계 무색계를 지도하는 스승〔三界導師〕이라고 그럽니다.

완전해서 자기 세계가 없어진 이가 부처입니다. 자기 세계가 있는 사람이 남을 해치지 자기 세계가 없는데 어떻게 남을 해칠 수 있겠습니까? 모두 해친다는 것은 자기 욕심 때문에 해치는 것이지요. 자기 욕심없는 사람은 누구도 해치지 않습니다. 해친다는 것은 다 다른 사람 손해 보게 하고 내가 이익 보려는 것이고, 모략하는 것도 내가 이익 보려는 것입니다.

그러니 전부가 '나다, 너다' 하는 그 차이에서 일어 나는 경계입니다. 부처님은 모두가 자기 몸으로 완전히 진리를 획득한 사람이니 취할 것도 없고 버릴 것도 없습니다.

도둑놈한테 배운다는 것은 상당히 알고 하는 소리입니다. 물론 일부러 도적질하기도 하는 이치도 있습니다. 가령 도적을 제도하려면 먼저 도적굴에 가서 같이 도적질도 해야 그 도적을 잘 알고 제대로 가르칠 수 있습니다. 그것을 동사섭同事攝이라 합니다. '같을 동同' 자 '일 사事' 자, 같은 일을 해가며 거둔다는 뜻이지요. 그렇게 함께 하면서 "우리가 도적 생활을 하니 마음이 편치 않고 떳떳치 않으니 바르게 살자."라고 한 마디 한 마디 깨우쳐 주고 그 사람을 제도하는 것이 동사섭이지요.

도적을 위해서 같이 도적질할 수 있다는 것은 벌써 차원 높은 스승입니다. 보통 사람이 그것 흉내내는 것은 뱁새가 황새 따라가다 다리 찢어진다는 말이 있듯이 될 일이 아닙니다. 그와 마찬가지로 자기 역량에 따라서 해야 합니다.

가르침을 받는 입장에서는 가르침을 주는 사람이 완벽하기를 원합니다. 그래서 가르침을 받으면서도 '아, 저 사람의 말은 맞지만 이런 면에서는 좀 부족해.'라는 회의가 일어 나는데 저희들이 공부를 하면서 어떻게 배우고 또 어떻게 가르쳐야 할까요?

금상첨화錦上添花라, 비단 위에 꽃을 첨가하듯 가르침을 주는 사람이 조금도 빈틈없이 모든 것을 원만하게 갖추었으면 가르침을 받는 데 있어서 아무런 의심이 일어 나지 않겠지요.

그러나 반드시 완벽한 사람만이 누군가를 가르치는 것은 아닙니다. 서로가 갖지 못한 것을 채워 줄 수 있고, 도움을 줄 수 있다면 그것이 곧 가르침이 될 수 있지요. 또한 스스로 배우고 노력하는 입장에 서서 남을 가르치는 자세가 소중한 것입니다. 곧 무엇이든지 한 가지 배워서 알면 그것을 모르는 사람에게 다시 가르쳐 줄 수 있어야 합니다.

예를 들어, 박사가 되어야만 모든 것을 다 가르칠 수 있는 것은 아닙니다. 박사도 자신이 배운 것밖에는 가르칠 수 없지요. 그래서 초등학생이 유치원 학생을 가르칠 수 있고, 중학생이 초등학생을 가르칠 수 있습니다. 자기가 아는 범위 안에서 인색함

없이 자꾸 남에게 가르쳐주는 것이 보살행입니다. 모든 것을 완전하게 다 알고 행해야만 가르칠 수 있다고 생각해서는 안됩니다.

가르침에 있어서는 완전함이 없는 줄 알고, 배움에 있어서는 반드시 가르침에 대한 존중이 따라야 합니다. 물론 내가 아는 범위 안에서 가르쳐줘도 상대방이 다 받아 들이기란 어려운 일입니다. 그러므로 완전무결하지 못하다고 해서 남을 가르치지 못한다거나 가르침을 받아 들일 수 없다는 것은 참으로 어리석은 일입니다.

그래서 가르침을 주는 사람이나 배움을 받는 사람이나 서로 그와 같은 입장에서 주고받아야 합니다. 보통 사람들과의 관계도 이러한데 하물며 자신이 스승으로 삼고자 하는 사람에게는 말할 나위가 없습니다. 항상 고개 숙이고 배움을 청하세요.

그렇지만 아직 눈이 어두운 우리들은 대부분 스승을 제대로 알아 보지 못합니다. 또 스승으로 모시면서도 옳으니 그르니 끊임없이 분별하고, 정성껏 가르침을 주어도 실행에 옮기지 못하는 면이 많습니다.

공부가 깊어 많은 것을 겸비하면 말하지 않아도 저절로 감화를 받는 법이지요. 향은 가만히 놔두어도 향내가 나고 대변은 가만히 놔두어도 구린내가 나는 것과 마찬가지 이치입니다.

사람이 철저히 수행을 하면 그 사람의 일거수일투족만 봐도 마음속에 다가 오는 것이 있어 살펴볼 것도 없이 따르게 됩니다. 이런 스승은 우리들에게 있어서 가장 이상적이겠지만 항시 그렇게 훌륭한 스승에게 가르침을 받기란 어렵지요. 더욱 중요한 것은 우리들 마음이 바뀌어야 스승의 진실도 받아 들여지고 그 가르침에 따르는 행을 하게 된다는 것입니다.

옛말에 세 사람이 동행을 하면 그 중에서 한 사람의 스승이 나온다고 했습니다. 아무리 고약한 사람일지라도 가만히 그의 말에 귀를 기울이고 들어 보면 깨칠 일이 있는 것입니다. 설사 앞서 가는 사람이 나쁘다손 치더라도 그 사람의 행을 따르지 말고, 그 사람의 행이 왜 나쁜가의 이치를 따져 자신이 범하지 않으면 됩니다.

누가 말한 좋은 말을 따른다는 것은 그 좋은 말이 스승이지, 그 말한 사람을 평가하려 들 것은 없다는 것이지요. 어떤 사람이 나쁘다 하더라도 그 사람 전체가 다 나쁜 것이 아니고 좋은 점도 있고 나쁜 점도 있는 법입니다. 100% 좋은 사람이 있을 수도 없고, 100% 나쁜 사람이 있을 수도 없습니다. 어느 대상에게든지 뭔가 도움이 되는 것을 취하면 됩니다. 배우려는 내 마음만 열려

있으면 가능한 일이지요.

　부모가 아무리 고약해도 자식의 도리를 저버릴 수 없습니다. 자신의 행동은 남에게 주는 것이 아니어서 내가 부모한테 효도한다면 그 효도가 부모한테도 도움이 되겠지만 중요한 점은 바로 그 행동의 결과가 전부 나에게로 온다는 사실입니다.

　옳은 가르침을 받아 행하는 사람에게는 나쁜 결과가 오지 않아요. 전생에 잘한 사람은 태어 날 때, 눈으로 보기에는 빈주먹을 들고 나오지만 눈에 보이지 않는 저금통을 가지고 나온다고 볼 수 있지요. 또 빈주먹을 쥐고 나오지만 나쁜 행동을 한 사람은 평생에 갚을 빚 문서를 가지고 나오는 것과 같습니다.

　이처럼 육신의 겉모습은 마치 옷 갈아 입듯 바뀌지만 인생의 주인은 항상 자기 자신입니다. 육신은 나한테 왔던 손님에 불과합니다. 손님은 언제나 달아 나는 법이지요. 권력도 나한테 왔던 손님이라 대통령을 하다 떨어질 때도 있고 국회의원, 장관도 다 일시적인 것이며, 아름다운 미색도 결국에는 10년도 머무르지 못하고 왔다 가는 손님입니다. 그렇듯 손님은 다 떠나 버리지만 주인인 나는 떠날 수 없습니다. 주인은 항상 그 자리를 지키지요.

　어젯밤 꿈속에 산과 들 온갖 것이 다 나타나 또 하나의 세계가 전개되었다 해도 그러나 꿈을 깨고 보면 허깨비가 놀았지 내가 논 것이 아님을 알 수 있습니다. 눈을 떠 보면 산도 없고 물도 없고 호랑이도 없으며 좋은 과실도 없고 아무것도 없는 빈자리에서 우두커니 서 있는 자기 자신밖에 없음을 발견합니다. 그러나 꿈을 꾸었던 주인공도 자기이고 꿈을 깬 주인공도 자기입니다. 주인은 이렇게 잠시도 자기를 떠날 수 없지요. 그렇기 때문에 무한한 공간에 주인 없는 공간 없고, 과거·현재·미래를 통한 무한한 시간에 주인 없는 시간도 또한 없습니다.

이 한계 없는 주인공인 나는 넓게 보면 삼천대천세계를 집어삼킬 수 있고, 좁게 보면 바늘 끝 속에서도 그 자취를 찾기 어렵습니다. 그러니 중생이 좁은 세계에 살면 조그만 일에 걸려서 울고불고 원수맺고 하는 것이고, 불보살처럼 넓게 마음을 열고 살면 천하의 모든 것을 다 포용하며 조금도 구애받지 않는 부처의 세계에 사는 것이지요.

그런 것처럼 우리가 그 누구를 대하든 자기를 놓치지 않고, 있는 그대로 버릴 것은 버리고 취할 것을 취하면 그것이 바로 자유입니다.

그래도 선지식을 찾아 뵙고 가르침을 받을 때 공부가 더 잘 될 수 있다고 하는데 저희들이 아직 눈이 어두워서 선지식을 알아보기가 어렵습니다. 어떻게 선지식을 알아 볼 수 있을까요?

우리의 마음 자리를 고요히 밝히면 자기의 선지식이 있어요. 남의 선지식보다 자기의 선지식은 자기가 찾아 내는 지혜가 있거든요. 우주 전체를 다 속여도 자기 선지식, 자기 마음은 못 속입니다. 그것이 우주의 원리고 우주의 진리고 그대로 깨끗한 자리지요. 가만히 자기 스스로 돌아 보면 자기가 가장 잘 알거든요. 거짓이나 진실이냐 하는 것은 자기가 관조해 보면 가장 잘 안단 말입니다.

우리가 참으로 선지식을 바로 보려면 우리가 선지식이 되어야 합니다. 내가 선지식을 본다는 소리는 내가 선지식이 되지 않으면 참말로 선지식을 볼 수 없는 것이지요. 그러니까 아직 내 눈이 안 열렸을 때는 그저 이름 있고 훌륭한 사람이 모두 인정하면 선지식으로 믿고 가서 법문 듣고 그럴 수밖에 없습니다. 그러다가 자기 공부가 자꾸 깊어지면 자기의 선지식이 발동을 하게 됩니다.

과거에 선지식이라고 믿고 따랐던 사람이 설사 잘못 가르쳤다고 하더라도 자기 선지식이 발동하면 그것을 시정할 수 있는 힘이 자기한테 있는 것입니다. 그러니까 너무 선지식이 진짜냐 가짜냐 걱정할 필요는 없습니다.

무엇이든지 나보나 나으면 내 선지식이지요. 한 발 앞서면 한 발 앞선 선지식이고, 두 발 앞서면 두 발 앞선 선지식으로 배우면 됩니다. 나보다 나은 사람을 따라 자꾸 배우고 노력하면 스스로 선지식이 되는 거지요. 그러니 선지식만 있다면 무조건 가서 배우는 것이 상책이지요. 그것을 내가 저울에 달아 봐서 옳은가 그른가 판단할 기회가 자기한테는 없는 것입니다. 나보다 못한 사람은 판단하지만 나보다 나은 사람은 내가 판단할 수 없습니다

나는 내 부처이고 너는 네 부처이다

마음 공부하는 그 수행의 깊이를 어떻게 점검하고 무엇을 따라 배워야 합니까?

그거야 간단하지요. 누가 화나게 해도 '허허' 웃고 화 안내면 그것 하나로도 공부가 된 것이지요. 누가 칭찬해도 '허허' 하고, 천하 사람이 욕을 해도 흔들림이 없으면 그게 바로 공부가 된 사람입니다.

공부하는 목적이 고통의 그물을 벗고자 하는 것인데 누가 욕을 한다 해서 애끓이면 벌써 괴롭지요. 참다운 공부는 자기가 우주 전체를 정복하고 마음대로 요리해서 바깥 경계에 끄달리지 않는 것입니다.

공부하는 사람들이 수행의 경지를 인가印可받는다는 것에 대해 어떻게 생각하시는지요?

참으로 깨달았다면 인가받지 않아도 스스로 압니다. 인가받는다는 것은 확실히 깨달은 사람을 찾아 가서 자기가 참으로 깨달았는지 못 깨달았는지를 검사하는 것과 마찬가지인데, 서류가 완전해서 잘못된 것이 없다고 인정해 주는 것이 도장 찍어주는 것 아닌가요? 그렇듯이 도를 얻었다고 도장 찍어 주는 것이 인가입니다. 그렇지만 참으로 확철대오하면 스스로 알아요.
그러나 크게 깨닫지 못하고 자기 깜냥대로 깨달은 사람들도 있어요. 그 사람이 시원찮으면 큰스승들이 다시 공부하라고 가르쳐 줍니다. 그런 인가할 수 있는 사람은 천하가 다 알 정도로 공부를 완전히 했다 하는 이름 있는, 말하자면 육조 스님 같은 큰 도인들이어야 하지요.

조사 스님들이 법을 전할 때 의발衣鉢을 주며 전법傳法하는 전통이 있지 않습니까? 그것에 대해 우리는 어떻게 바라 보아야 할까요?

인가를 받았다 해서 그 사람만이 불교를 다 안다고 믿는 것은 어리석습니다. 인가를 안 받았다 하더라도 투철히 수행한 사람도 있어요. 부처님도 누구에게서 인가받은 것이 아니지요. 자기가 꿈을 깨면 꿈깬 것을 스스로 알게 되는 것이지요. 인가를 받았느니 안 받았느니 시비할 건 못 되지만, 인가받지 않았다 해서 그 사람이 불법을 모른다고 생각하면 그건 잘못된 생각입니다. 말하자면 형식도 의미가 있지만, 그 형식에 매일 때 우리가 범하기 쉬운 어리석음도 아울러 알아야 합니다.

사명 대사는 서산 대사의 뛰어난 제자였다고 알고 있습니다. 그런데 사명 대사께서 임진왜란 때 왜군의 격퇴를 위해 칼을 들었기 때문에 서산 대사께서 법을 편양 언기 스님한테 주셨다는 말이 있습니다. 그런 것을 볼 때 우리에게 미운 마음이 없어도 어떤 다툼이 있었을 경우 법을 전수받는 데 하자가 되는 것은 아닌가 하는 생각이 듭니다.

한마디로 사명 스님이 국가와 민족을 위해 싸워서 법을 전수받지 못했으니 억울한 것 아닌가 하는 그런 말인가요? 그 물음은 자체가 잘못된 물음입니다. 왜냐? 참마음의 행복은 무사무려無思無慮인데, 법을 전수받으면 뭐 하고 주면 또 뭐 할 건가요? 그런 말은 다 중생심에서 나온 소리입니다. 법을 전수하지 않았다.' 라는 것은 말도 안 되는 소리라는 말입니다.

보통 그런 말을 들으면 그럴 듯하고 옳은 소리처럼 들려요. 그러나 정신이 바로 든 사람이 들으면 그건 곰 같은 소리지요.

그리고 설령 서산 스님이 제자인 사명 스님에게 법을 전해줬다 해도 그게 또 사명 스님에게 좋을 건 뭐 있겠어요? 나는 내 부처이고 너는 네 부처입니다. 부처님이 그렇게 가르쳤잖아요? 그래 법을 전수하는 전통이니 하는 것은 다 가치 없는 수작입니다. 법제자로 인정받으면 뭐가 좋겠어요? 서산 스님의 법제자로 인정받았다고 해서 그게 사명 스님의 인생에 무슨 보탬이 되는가요? 자기가 한 그대로 공헌이 있는 것이지, 누가 인정해 준다고 더 나아질 게 뭐가 있겠으며, 사명 스님이 언기 스님보다 못하다고 누가 말할 수 있느냐 이 말입니다.

사명 스님은 인정을 안 받아 가면서 많은 생명을 건지고 이 나리의 권위를 보호했으니 그야말로 다른 사람보다 몇 배 낫다고 말해도 누가 뭐라 말하겠어요? 전통적인 법의 전수도 마다하고 모든 허물을 다 덮어쓰고 민생을 구하기 위해 칼을 들었다면 그보다 더 훌륭한 일이 어디 있겠습니까? 그러니까 옳다는 그 자체가 틀린 것입니다. 우스운 소리입니다.

불교에는 그런 게 없어요. 본래가 다 부처인데 누구한테 인정받고 누구한테 법을 넘긴다는 그런 못난 소리가 어디 있어요? 그건 중생이 책에 쓴 것에 불과한 것입니다. 책에 도를 인정받았다고 적혀 있다고 해서 뭐가 좋을 게 있나요? 석가가 인정해도 그것은 네 석가라는 소리입니다. 부처님은 그렇게 가르쳤어요, 자기 안에 있는 부처를 깨치라고.

참으로 그건 어린에 같은 소리입니다. 중생들이 워낙 어리석으니까 방편으로 그렇게 써놓은 것이지요.

모든 사람이 다 부처님입니다. 석가가 와도 석가는 네 석가입니다. 거기에 의지하는 게 불교의 가르침이 아닙니다. 불교는 자기 안에 있는 본래 부처를 찾으라 했습니다. 어디에도 의지하면 안 되는 겁니다. 그래 '장부가 스스로 하늘을 뚫을 기운이 있으니 여래가 간 곳을 따르지 말라.' 라는 말이 있습니다. 그러니까 석가모니 부처님을 의지하는 것도 병든 소리라는 말입니다. 불교는 다만 법을 의지할 뿐이지, 그 사람을 의지하는 것이 아니라는 말입니다.

참선 공부한 지 한 삼 년 정도 되었는데 그렇게 정진하다 보니 생각이 끊어져 버리고 텅 빈 자리를 경험했습니다. 텅 비고 다시 내가 있어야 하는데 나를 잃어 버렸으니 답답합니다. 이제 큰스님을 뵈옵게 되었으니 생각이 끝난 자리에서 깨달으면 얼마나 넉넉한지에 대해서 여쭙고 싶습니다.

참선 공부를 하다 보면 텅 빈 자리를 느끼는 단계가 있습니다. 만약 허공처럼 비었다면 허공 자체는 말도 못하고 아무것도 모르니, 그 단계에서는 아무 말을 못하고 아무것도 몰라야 합니다. 하지만 텅 빈 자리를 경험한 후에도 마찬가지로 말을 하고 길을 걷고 하지요?

분명 비었지만, 빈 것을 아는 놈이 하나 있습니다. 그 아는 놈을 잘 처리할 줄 알아야 합니다. 텅 비어 아무것도 없다 해도, 아무것도 없는 줄 아는 놈이 있으니 '그 아는 놈이 무엇인고?'를 궁구하여 그 놈의 뿌리를 뽑아야 합니다. 텅 빈 데 그치어 그 상태에 빠져 있으면 안되지요. 텅 빈 그 자리에서 다시 출발하는 힘이 있어야 합니다.

옛날 고인古人의 공부하는 대목을 하나 소개하겠으니 참고하여 공부해 보십시오. 나옹 스님이 각오 선인에게 보낸 글입니다.

생각이 한번 일어나고 생각이 멸하는 것이 나고 죽는 것이다.
念起念滅 卽生死
생각 일어나고 멸하는 생사의 경계를 당해서 부디 힘을 다해 화두를 잡아 일으키라.
當生死之階 須盡力提起話頭
화두가 순일하면, 일어 나고 멸함이 곧 없어지리니

話頭純一 則起滅卽盡

일어나고 멸함이 없어진 곳을 '적'이라 하리니

起滅盡處 謂之寂

적적한 가운데 화두가 없으면 그것을 '무기'라 하고

寂中無話頭 則謂之無記

적적한 가운데서 화두에 매하지 않으면 이를 '영'이라고 한다.

寂中不昧話頭 則謂之靈

이 공적과 영지는 무너지지도 않고 난잡하지도 않으니

卽此空寂靈知 無壞無雜

이와 같이 애를 쓰면 하루도 안 되어 성취하리라.

如是用功 不日成功

열심히 의심하면 꿈 깨는 도리를 알게 됩니다. 꿈을 깨면 다시 모를 것이 없어요. 천하 만사가 다 환하게 열리게 됩니다.

品茶通易

휘호로 보는 은사님 말씀 如救頭焰(여구두염)

세상 속으로

일체의 행동, 그 자체가 바로 공부

자기 수행을 위해 좋은 일이나 불사佛事에 동참하는 분들이 많습니다. 그런데 막상 일하는 과정 속에서는 열심히 하려는 마음 때문에 사람들의 잘잘못을 시비하게 되고 남을 탓하는 마음까지 일어 나기 쉽습니다. 저희 불자들이 일을 열심히 하면서도 자기 수행을 잘 해나가려면 어떤 자세가 필요한지요?

일을 하다 보면 자기 공부하는 것이 성글어지는 것 같고, 공부에 집중하면 일이 잘 안 되는 것 같은 느낌들을 갖게 됩니다. 우리가 '공부한다' 할 때 그 공부가 본시 무엇을 하는 것인가만 안다면, 불만이나 부족감 없이 일 속에서 공부를 할 수 있습니다. 일과 공부는 둘이 아니니까요. 공부라는 것은 마음으로 하는 것이지

껍데기로 하는 것이 아닙니다.

근본 마음이 순일하게 집중되는 것이 공부입니다. 단지 일하기 위해서 일하는 것은 아니거든요. 거기에는 원願이 있게 됩니다. 가령 글을 쓴다든지 남의 하소연을 듣는다든지 하는 것도 내 인생을 알기 위해서 하는 것입니다. 일체의 행동, 그 자체가 바로 공부인데, 공부가 철저하게 안 되고 분업적으로 일과 공부가 나뉘면 한쪽에 팔리기 마련입니다. 첫번에 판단하기는 어렵지만 마음공부가 제대로 되면 일 자체가 그대로 공부가 됩니다.

우리가 일하는 데는 여러 가지 목적이 있을 수 있는데, 가령 책을 만들기 위해서 원고를 쓴다든지 콩을 얻기 위해 밭을 일군다든지 하는 목적들은 우리의 근본 목적 즉, 내 마음을 깨치기 위한 목적과는 다릅니다. 하지만 무슨 일이든 간에 살아 가는 근본 목적을 토대로 해서 이루어지는 것입니다. 그 마음은 놓쳐지지 않아요.

밥을 짓고 옷을 해 입고 밭을 갈고 하는 것들을 왜 합니까? 콩을 만들기 위해 밭을 가는 것이 아니라 오로지 우리가 사는 인생을 개척하기 위해서 하는 것입니다. 모든 일의 근본은 하나로 돌아 가는 것입니다.

그러나 일을 하자고 하면 흐려지는 것 같은 생각이 드는 것은 어디까지나 망상을 갖고 있기 때문이지, 순수한 생각이 있으면 삼매가 되어 일에 몰두해 버립니다. 일하는 데 몰두하는 것은 바로 공부 따로 하고, 일 따로 하는 것이 아니지요. 나의 100% 그대로가 일 속에 뛰어들 때, 내가 뭘 하나 완성하는 그것이 바로 공부입니다.

육조 혜능 스님이 여덟 달 동안 방아를 찧은 것도, 그것이 단순히 방아를 찧는 행동을 한 것이 아니라 자기와 우주가 둘이 아니고 방아 찧는 덩어리, 그것이 전체 즉 100%의 자기 인생인 것입니다.

이 세상 사람들은 일을 하면서도 온갖 망상을 부리면서 마지못해 하니까 일은 일대로 안 되고 짜증은 짜증대로 나고 피로를 쉽게 느끼지만, 공부하는 사람은 앉으나 서나 일을 하면서도 온갖 것이 그대로 다 공부가 됩니다.

우리가 일을 한다고 분별하니까 일하는 것이 따로 있지, 순수한 마음과 진심으로 일을 한다면 혼연일체가 됩니다. 무슨 대가를 바라고 하는 것이 아니라, 오직 자기가 주인이기 때문에 무슨 일이든지 피로도 느끼지 않고 열심히 하게 되는 것입니다. 요새 직장인들을 보면 일 따로 자기 인생 따로예요. 정말로 자신이 인생을 진지하게 산다면 어떠한 직장에서 일한다 해도 그것이 바로 내 인생을 개척하는 공부가 됩니다.

물론 이 세상 살아 가는 데 있어서 대가가 충분해야 먹고살기는 하지만, 대가에 연연하지 않고 열심히 일을 한다고 해서 되돌아 오지 않는 법은 없습니다. 주인이 내가 일한 만큼 대가를 주어야만 받아지는 것이 아니라, 눈에 보이지 않는 천하의 이치가 대가를 지불하는 법입니다. 열심히 일할 때 대가가 스스로 찾아 오게 되는 것이니, 굶게 되고 헐벗게 되는 법이 없지요. 오히려 '일한 대가를 많이 받아야 되겠다.', '남의 일을 한다.' 이런 관념을 가지고 일하면 자기 자신을 스스로 불행한 인간으로, 중생 세계로 전락시키는 것입니다.

깊이 들어 가면 일 자체가 바로 공부입니다. 무슨 일을 하든지 일하면서 한편으로 공부하는 생각을 낸다면 벌써 어긋나는 것입니다. 말하자면 우리가 본시 일하고 행동하는 것이 자기 주인인데, '내가 일을 한다.' 하고 생각하면 벌써 주인에서 한 발 멀어지는 것입니다. 일과 공부가 따로따로 있다고 분별하고 있으면 무엇을 해도 반쪼가리뿐입니다. 주인된 자세란 그 둘을 항시 하나로 생각하고 행하는 것입니다. 그것이 참으로 일하는 것이요, 그럴 때 진짜 인생이 구축되는 것이고, 그게 바로 공부입니다.

포교 활동이나 불사佛事와 같은 일은 많은 사람의 힘을 합하는 것이 중요하다고 봅니다. 그런데 수행이 부족하다 보니 같이 일하는 사람들 가운데서도 서로 생각이 다르고 마음이 어긋나서 괴

로울 때가 종종 있거든요. 어떻게 해야 화합도 되고 수행도 잘 되겠습니까?

같은 방향으로 함께 일을 하면서 어떤 사람이 일을 충실하게 하지 않거나, 혹은 그릇된 생각을 갖고 있을 때 우리는 상대를 깨우쳐 바르게 하려 합니다.

여기서는 우선 자신의 마음속에서 상대의 모습을 놓고 시비하는 분별심을 들여다 봐야 합니다. 아무리 자기가 잘한다 해도 스스로 완전한 인격이 아닌 이상 잘하려고 한 일이 뒤에 가 보면 잘못된 일이 되기도 하니까요. 상대의 잘잘못을 분별하는 일도 따지고 보면 나의 판단이 옳을 수도 있지만, 때로는 자기 주관으로 생각해서 틀릴 수도 있습니다. 그러니 스스로 노력해서 지혜가 밝아야 판단이 되는 것이고, 내가 어두우면 판단까지 흐려지는 것입니다.

내가 아무리 옳더라도 상대가 받아 들이지 않을 때 감정적으로 대해서는 결코 안 됩니다. 안 받아 들이더라도 자꾸 설득해서 상대의 마음이 상하지 않도록 교화해야지, 뜻대로 안 된다고 해서 기분만 상하게 되면 감화를 받기도 전에 사이만 벌어지게 됩니다.

이것이 인간 관계의 어려운 점입니다. 그러나 수행을 잘 하여

덕이 있고 남을 이해하는 마음으로 천하를 내 품안에 포용할 만한 아량이 있다면 비록 타인이 처음에는 반발하더라도 언젠가는 나의 뜻을 알아 돌아설 수 있습니다.

여럿이 함께 불사에 임하는데 한번 용기를 내어 밀고 나간다고 해도 힘들어하면서 뒤쳐지는 사람들이 있습니다. 이런 경우 힘들어하는 사람들을 어떻게 이끌어 함께 하면 좋을지요.

가령 누가 한 자를 뛰어넘는다고 할 때 그 일에 단련이 된 사람은 한 자를 뛰어넘지만 단련이 안 된 사람은 중간에 떨어질 것입니다. 그 사람이 그만한 단련과 힘이 모자란다는 소리지요. 신심이 모자라고 불교를 깊이 알지 못해 따라 오지를 못하는 것입니다.

그러니까 그 신심을 자꾸 발휘하도록 격려하는 것이 중요합니다. 격려를 해서 '아, 내가 용기를 내어 해야겠다.' 라는 마음을 일으키게 해줘야지요. 그러면 다같이 하는 것입니다. 그렇게 안 되는 사람도 정성으로 가르치다 보면 그 사람도 배워지는 정도가 높아지면서 자기 스스로 각성이 될 것입니다.

각성이 되게끔 지도해 주는 것이 중요합니다. 가령 아무리 불교가 좋다 한들 첫번에 불교가 좋으니 믿으라고 하면 누가 믿어

주겠습니까? 그러니까 자기 인생의 모든 것을 깨우쳐주는 온갖 지식도 필요합니다. 지식으로 일러주든 여러 가지로 깨우쳐주어서 '아, 참 그렇구나. 각성해서 꼭 해야겠다.' 라는 자기 용기가 발생하도록 이끌어줘야 합니다.

뭘 하든지 자기 인격이 수양되는 방향으로 노력하는 것이 수행입니다. 내 인격이 어느 정도 안정이 되고 내가 살아 가는 데 행복감을 느끼고 자신이 서야, 일하는 것이 남에게 도움이 되지 내 인격이 쩔쩔 매고 내가 불안해 가지고는 모든 것이 빛나게 될 수 없습니다.

한마디로 자기 인격을 완성시키는 그런 정신이 이루어져야 합니다. 모든 일은 거기에 따라서 자리가 잡히는 것이 이치입니다.

대승불교의 참뜻은 수행의 결과를 사회로 돌리는 데 있다고 생각합니다.

대승불교의 참뜻만 그런 게 아니고 소승불교도 마찬가지입니다.

대승불교의 참뜻은 사회에 이바지하는 건데, 대승불교뿐만 아니라 이 세상을 살아 가는 그것 자체가 다 사회를 생각하는 겁니다. 우리는 혼자 사는 게 아니고 전부 다 사회를 상대로 해서 산다

이 말입니다.

　대승불교와 소승불교의 차이라 하면, 소승은 사람이 조금 타고 가는 조각배 같고, 대승은 사람이 많이 타고 가는 큰 배 같다는 거지요. 쉽게 말하면 대승불교는 많은 사람이 다같이 간다는 것이고, 소승불교는 '나쁜 놈 너는 비켜라, 좋은 사람 가야 된다.' 라고 갈라놓은 겁니다.

　대승불교는 '너와 내가 따로 없다.' 동체대비同體大悲를 말합니다. 똑같으니까 가려 낼 게 없어요. 예를 들어, 나쁜 짓 하는 사람이 한 사람 있다 해요. 그러면 소승불교에서는 나쁜 짓 하는 사람은 젖혀 놓습니다. 그래서 들어올 자격 없다는 것이라면, 대승불교는 그 사람이 나쁘고 좋고 상관없이 다같이 가자는 것이지요.

　그렇다면 대승불교에서는 나쁜 사람을 어떻게 다스리느냐 하는 의문이 생길 수가 있어요. 좋지 않은 행동을 하는 사람이 더 이상 그런 행동을 안 하게끔 교화시키는 방법을 택해야 합니다. 벌금을 물리고 감옥에 잡아 가둘 게 아니라, 나쁜 짓 하는 그 근본을 다스리는 것이 보살행이거든요. 그러니까 나쁜 사람을 나쁘게 취급하는 게 아니고, 그 사람이 나쁘게 안 되도록 교육시키고 자비로 용서를 해요. 예를 들어 남의 집 마당에 오물을 버린다고 그냥 벌금 물리고 하면 안 다스려집니다. 그 나쁜 행동이 모든 사람에게 피해를 끼치게 되고, 그러면 자기도 괴롭고 결국 좋지 않다는, 그런 감화를 해야 합니다.

대승불교에서는 전체적으로 다스리는 머리를 씁니다. 나쁜 사람만 다스리는 게 아닙니다. 몰래 갖다 버리는 사람이나 훔쳐 가는 사람이나 똑같이 내 몸으로 생각해요. 그러니 완전히 차원이 다른 세계지요.

국가의 법도 대승법으로 해서 다스리면 나라가 잘 되고, 소승법으로 하면 만날 마찰이 일어 납니다. 그게 왜 그러냐. 대승법에서는 나쁜 사람을 미워하지 않아요. 그 사람이 왜 그런 나쁜 행동을 하게 됐느냐 하는 그 근본을 다스립니다. 그러니까 그런 사람도 다 보살심으로 돌려서 잘 해주는 겁니다. 벌주는 게 아니라 똑같이 자비롭게 대하니 마찰이 없습니다.

내가 정치를 한다 하면 나쁜 사람을 먼저 도와주겠어요. 잘하는 사람은 기만 둬도 괜찮아요. 남의 집에 오물 갖다 버리고 나쁜 짓 하는 그 사람을 다스리는 걸 먼저 하는 거라. 좋게 대해 주고 대접해 주고 오히려 상금을 주고 하면 그 사람도 양심이 있으니까 양심의 가책을 받습니다.

인지상정으로 다 알아요. 나쁜 짓 하는 사람이 나쁜 걸 모르고 하는 게 아니거든요. 나쁜 줄 알고도 하는 겁니다. 독약을 가만히 갖다 버릴 때 그 행동이 나쁜 줄 알고 한다 이 말입니다. 남의 집

금고 뒤지는 것도 나쁜 줄 알고 있어서 손을 벌벌 떨면서 합니다. 그러니까 정치도 그 근본을 다스리는 데 머리를 써서 하면 잘 되는데, 요새는 나쁜 놈만 골라 내서 족집게로 집어 내듯이 집어 내어 다스리니까 끝이 안 나는 거예요.

대승의 선에서는 절대 가리지 않아요. 나쁜 사람을 오히려 더 불쌍히 생각해서 그 사람에게 뭔가 도움이 가도록 해주면서 감화시킬 때 어찌 생각하면 끝이 없고 더 나빠질 것 같지만, 오히려 근본적으로 다스릴 수 있는 도리가 있는 겁니다.

허물을 뉘우치고 고쳐 가는 것이 불교

동·서양을 막론하고 세계적으로 공해 문제가 중요하게 대두하고 있는 것이 현실입니다. 큰스님께서는 이 문제를 어떻게 해야 해결할 수 있다고 보시는지요.

우리 정신 세계가 바로 서야 해결됩니다. 정신 문화만 바로 서면 공해는 저절로 없어집니다. 누가 돈을 갖다 줄 테니까 해로운 독극물을 강물에 흘려 버려라 해도 흘려 버릴 수 없는 그 마음을 찾아야 합니다.

인간 각자가 정신만 바로 세우면 그 오염물을 모두에게 해가 안 끼치도록 정리할 수 있는 방법은 얼마든지 있다고 봅니다. 몇 억씩 들여 처리공장 만든다고 떠들지만 정신이 바로 서지 않으면 어떤 식으로든 오염물이 흘러 들어 가게 되어 있어요. 한편에서 온갖 것을 방류하고 한편에서 몇 억씩 들여 가며 처리장을 만든다고 하는 것들이 모두 서로 눈감고 아웅하는 식으로 하고 있는 것이지 거기 어디 진실한 정신이 있겠습니까?

인간 교육이 되고 원천적으로 오염을 봉쇄하는 운동을 하면 영산강 살리기, 한강 살리기 같은 것들이 하나도 어려울 것이 없습니다. 남의 눈에 안 띄면 남에게 피해되는 것도 함부로 할 수 있다는 정신 공해를 먼저 고친다면 자연적으로 모든 문제가 해결될 수 있습니다.

하나가 어긋나면 전체가 어긋납니다. 서로 죽이고 온갖 비행이 일어 나는 것도 인간 정신이 병들어 그렇습니다. 인간 정신만 고치면 저절로 해소가 됩니다. 그런 것을 원천은 그냥 둬서 다 썩어 빠졌는데 껍데기만 자꾸 고친다고 비용들이고 선전하지만 백날 해야 수질오염 검사하면 도로 나쁘지 않습니까? 지엽적인 것 백날 다독거려 봐야 그것 가지고는 안 됩니다.

정신 문화를 바로 세우자는 것이 불교입니다. 그런 계몽 정신이 이루어지고 참 자기를 보면 문제는 하루아침에 사라집니다. 자기 마음 속이는 것이 천하를 속이는 것입니다. 자기 마음 찾는 운동을 해야 합니다. 모두 자기 마음을 속이고 있기 때문에 병폐가 일어 납니다. 자기 마음만 바로잡으면 모든 것이 다 해결됩니다. 목전에 있는 자기 마음만 바로 보면 나쁜 일은 할 수 없습니다. 과거에 잘못한 것을 갖고 자꾸 형벌 준다고 해결되는 것이 아닙니다. 어떻게 하면 그것을 방비할까 더 힘써야 합니다.

지나 간 것은 모래 위에 흩어진 물과 같습니다. 자꾸 지나 간 허물 들춰내다 보니 거기다 모든 정력을 소비하고 아까운 시간 보내기 때문에 밝은 미래를 건설하는 데는 도리어 정력을 쓰지 못하고 결과가 더 나빠집니다. 이대로는 만날 해 봐야 도루묵이지요.

그렇다고 지나 간 것을 그냥 덮어주자는 것이 아닙니다. 어느 정도 혼을 내서 깨우침을 주되 앞으로 잘하는 데 정력을 모아 가지고 다시 그런 전철을 안 밟도록 하는 데 집중해야 합니다.

과거의 허물을 챙기기보다는 허물을 뉘우치고 항상 개혁하고 고쳐나가는 것이 불교입니다. 잘못한 사람도 이해하고 용서하고 아량으로 대하는 것이 불교지, 잘못한 사람을 모두 숙이고 그를 해롭게 하는 것이 불교가 아닙니다. 잘못한 사람도 우리 국민이니 나쁜 것을 척결하기 위해서 형벌하는 것이지, 형벌하기 위해 형벌하는 것은 아닙니다.

불교는 몇 대 내려 오는 원수도 용서하라고 했습니다. 그러한 자비사상이 근본이 될 때 앞으로 건설의 빛이 나는 것이지, 근본을 잃어 버리고 잘못한 것을 서로 꼬집다 보면 아무것도 건설이 안 됩니다.

    요새 공해 문제도 공해가 일어 나는 그 근본을 색출해서 그 근본을 막는 데 힘써야 합니다. 근본을 막으면 설사 지금까지 공해 물질 흘러 간 것이 있다 해도 자연도태로 비가 오든지 얼마 안 되어 다 씻겨 나가게 되어 있습니다. 공장을 운영해도 가령 1,000원 어치를 생산한다고 할 때, 그 비용이 500원이 든다면 생산하는 데만 투자하는 것이 아니고 거기에 나쁜 오염 일어 나는 것을 막는데도 한 200원이나 300원 투자해야 합니다. 오히려 생산하는 것보다 이쪽에 더 비중을 두어야 합니다. 그래야 참으로 생산하는 뜻이 있지 자꾸 오염물을 방류하면 이것이 벌써 인간 양심에 병이 들었다는 것입니다. 양심을 찾는 운동을 하면 이 공해가 근원적으로 막아집니다. 그것이 바로 불교 운동입니다.

    우주에 반듯하게 흘러 가는 진리, 그 진리를 외면하면 인간은 불행해집니다. 인간이 불행해지지 않기 위해 우주에 흘러 가는 진리를 찾자는 것이 불교 운동입니다. 그것은 어느 나라 어느 시대이든 이의를 달 수 없습니다. 서양 사람이든 동양 사람이든 누구든지 다같이 행복하게 사는 길을 제시하는 것이지요. 부처님이 이런 불법을 따로 만든 것이 아닙니다. 진리를 외면하면 그것이 비불교지 불교에는 무슨 높고 낮고 그런 것이 없습니다.

    우리 중생이 마음 하나 고치면 다 부처입니다. 탐진치 삼독의 구름만 벗어 버리면 명랑한 부처가 나옵니다. 그래야 서로 행복하게 살아 갑니다. 불교가 다른 것이 아닙니다. 이렇게 우리가 모두 행복하게 사는 길을 열어주자는 것이 불교 운동입니다. 서로 불신하고 서로 원망하는, 이런 정신 공해를 해결하자는 것이지요. 천진난만한 어린아이들이 비행을 저지르고도 반성할 줄 모르는 것이 더 큰 공해입니다. 그렇게 정신이 병드니까 물질 공해가 따라오는 것입니다.

물건은 시원찮아도 포장만 잘 하면 되고, 그 사람 마음은 시원찮아도 껍데기로 멋지게 포장만 하면 출세하니, 세상 전부가 허위 세상입니다. 그 허위를 좇지 말고 진실한 세계를 연구하는 것이 불교입니다. 껍데기만 깨끗하고 높은 자리에 있으면 그 사람이 높은 줄 압니다. 남의 집에서 종노릇해도 위대한 인물이 있고 높은 대통령 자리에 올라 있어도 시원찮은 인격이 있다는 그런 안목이 열려야 합니다.

그런 정신 문화가 형성되어야 합니다. 그렇지 않고는 가면, 가식의 허위 생활에 항상 분주하고 어지러운 세상을 면할 수 없습니다. 그 문화를 일으키자는 것이 불교 운동입니다.

서로 살리고 크게 이익되게

'불살생 계율'을 어떻게 받아 들여야 하는지 알고 싶습니다. 스님들도 나라가 어지러울 때는 승병을 일으켜 적을 죽였고, 또 세속오계에 '생명을 죽이되 간택해서 죽이라.' 하는 말도 있는데, 만약에 살생하는 직업을 가지고 있는 입장에서는 어떻게 해야 하는지요.

본시 질문하는 사람은 자기 의혹을 풀기 위해 질문하는 게 아닙니다. 자비심으로 옆 사람 좀 들으라고 하는 얘기인데 지금 질문은 사실 대답하기가 어려운 질문입니다. 왜 그러냐? 여러분의 듣는 귀가 다 다르고 경험한 세계가 다 달라요. 가령 유치원이나 소학교 학생한테 가서 대학강의를 하면 알아 듣겠어요? 부처님이 평생동안 법문을 했어도 "나는 한마디도 한 말이 없다."고 했어요. 그럼 부처님이 거짓말을 하신 거냐? 그 도리를 알아 들어야 한다 이겁니다.

우리에게 버러지 한 마리 죽이지 마라고 하면서 왜적이 쳐들어 왔을 때는 왜 승군을 일으켜 생명을 죽였느냐. 모순이 아니냐는 거지요? 그러나 왜적이 우리나라를 쳐들어 와서 수많은 우리 양민을 죽이는데 가만 있다면 그것도 살생입니다.

불교의 이 위대한 강의를 알아 들을 사람이 있어야 하는데 잘못 알아 들으면 오히려 계를 무시하라는 이야기로 들어요. 지계파계持戒破戒라, 계를 가진 놈이 계를 파한다는 말입니다. 이 소리를 들을 줄 알아야 합니다.

부처님 당시에 부처님의 그 좋은 법문에도 '갑甲의 병病을 덜어 주면 을乙의 병을 더 보탠다.' 라는 말이 있어요. 자기 역량이지요. 100근을 질 사람은 100근을 져야지, 옆 사람이 200근 진다고 200근을 지면 넘어집니다. 자기 역량을 알아서 자기가 계율을 지켜나가야 합니다.

사실 말 그대로 버러지 한 마리 못 죽이게 하면, 우리는 일상생활을 못 하고 꼼짝 못 할 것 아닌가요? 물에도 균이 있고 공기에도 균이 있어요. 결국 움직이기만 해도 무엇인가를 죽이는데 그러면 물도 마시지 말고 숨도 쉬지 말라는 말이 됩니다. 불교가 그렇게 된 게 아닙니다.

계행이란 모두에게 크게 이익되는 일을 하라는 것이지, 본시 계행이 먼저 생긴 것이 아닙니다. 부처님이 천이백 대중이라는 많은 대중을 거느리고 있으려니까 별별 사람이 다 있어요. 낮잠 자는 사람이 없나 배고픔을 못 참아 밥을 훔쳐먹는 사람이 없나. 그렇게 가지각색의 사람이 있으니까 천이백 대중을 위해서 규칙을 하나하나 세운 겁니다. 그러니 그것이 부처 되기 위해 닦아 가는 과정이지 근본은 아닙니다. 오히려 계행을 지키는 데 딱 걸려 공부를 못하면 지계파계요, 계행을 가진 게 도로 계를 깨뜨리는 것이라는 말이지요. 함부로 얘기할 수 없습니다.

말에 걸리지 말고 참으로 불교의 근본 뜻이 어디 있는가를 파악할 줄 알아야 합니다. '저 달을 봐라.'라고 하면 보통 달은 안 보고 손가락 끝을 봅니다. 여기 있는 분들은 모두 이해할 수 있는 분이니까 마음놓고 얘기하지만, 계행을 철저히 가져야 할 수준의 사람보고 이렇게 말하면 안 되겠지요. 예를 들어, 어느 초등학교 학생들한테 가서 "술 마시고 담배 피우고 요정에 출입하고 마음대로 하라."라고 하면 되겠어요? 또 대학생들한테 "요정 출입하고 담배 피우면 안돼. 술 마시면 안돼." 하면 듣겠어요?

모든 법은 사람을 키우기 위한 것입니다. 규칙을 세워야 인물을 양성할 수 있는 것이지만 규칙, 그것을 위해서 규칙이 만들어진 게 아닙니다. 불교에서 경經율律론論 삼장三藏이 벌어진 것은 무명無明에 쌓인 중생이 부처가 되게 하기 위한 것입니다. 그러니까 모든 법은 다 건강하지 못한 병자를 위해서 있는 것입니다. 생각해 봐요. 나고 죽음이 없는 생사를 초월한 자리에 있는 사람이 고기 한 점 먹고 술 마신다는 데 걸린다면 되겠어요? 앞뒤가 안 맞는 얘기지요. 나고 죽는 데 걸림 없는 사람이야 술 마시고 고기 먹고 파계할 일도 없겠죠. 그러니까 그런 질문에 대한 답은 말하는 도중에 다 됐을 줄 압니다.

그래도 저희 같은 수준에서는 계행을 잘 지키려면 걸어 가다 벌레를 죽일 수 있듯 살아 가는 것 자체가 조심스럽기도 합니다. 그래서 농사짓는 것보다 장사하는 것이 낫겠다는 그런 생각도 하게 됩니다.

그것도 한마디로 단정해서 말하기는 어렵지요. 다만 자기 습관 따라서 탈선하기 쉬운 환경이 있을 것입니다. 술 잘 마시는 사람이 술장사를 하면 아무래도 가까이 있으니까 술 마시고 실수하는 것이 많을 것 아닙니까?

자기 성격을 알아서 지혜를 써야지요. 맹모삼천孟母三遷이라, 맹자 어머니가 아들을 키우는데 장터에 가서 사니까 만날 싸우고 물건을 사고 파는 그런 흉내를 내거든요. 그래 산으로 이사하니 이번에는 묘지 근처라 사람 장사지내고 울고불고 그런 것만 익히는 거라. 안 되겠다 해서 그 다음에 글 배우는 서당 가까이 가서 사니 글 배우는 흉내를 내더란 말입니다.

그런 식으로 자기의 습성을 알아서 직업도 택해야 합니다. 그것이 다 지혜입니다. 자기의 익은 쪽으로 가면 더 익으니까 벗어나기 힘듭니다. 그러니 세속의 삶을 살면 그 직업을 선택하는 것도 잘 살펴 선택하는 것이 좋겠지요. 살생업을 갖는 것도 그렇습니다. 사람이 자꾸 살생을 하면 어디 가서 많이 죽여도 죽인 줄도 모르고 그것이 습성이 되거든요. 그러니까 그 주위 환경을 잘 택하는 것도 지혜입니다.

불교에서는 생사가 본래 둘이 아니라고 하는데 그러면 자살은 죄업이 되지 않습니까?

자살은 큰 죄악입니다. 생사가 없다는 것은 달관한 입장에서 하는 말이지, 중생들은 분명히 생사가 있습니다. 그래서 태어 나는 것을 좋아하고 살기를 좋아하고 죽는 것을 슬퍼하고 꺼립니다.

진정으로 생사가 본래 없는 줄 안다면 자살할 이유가 없습니다. 자살한다는 것은 자기 욕망대로 안 되니까 뭔가 불만이 가득 차서 자기 스스로 없는 생명을 있는 줄 알고 끊는 것입니다. 본시 생사가 없는 도리를 알면 자살이란 말도 성립하지 않습니다. 죽을 수 없는데 어찌 스스로 죽겠느냐 이 말입니다.

미한 세계에 생사라는 것이 있는 것입니다. 그러한 고통을 자기가 수행해서 정진하고 모든 허물을 반성하고 성인의 가르침대로 자기 인생을 계획해야 할 것입니다. 그것을 극복하지 못하고 자기 생명만 없애면 모든 문제가 해결될 줄 알고 자살합니다만 그것은 어리석은 행동입니다.

참선은 바로 생사가 없는 도리를 획득하는 것입니다. 생사가 없는 도리를 설한 것이 불교의 근본 가르침입니다.

요즘 사회 일각에서 임신중절 문제가 심각한데 여기에 대해 큰스님의 견해를 듣고 싶습니다. 자기가 편하려고 의도적으로 태아를 죽이기도 하지만 때에 따라서는 강간으로 인해 본의 아니게 아이가 생겨 어쩔 수 없이 없애야 하는 그런 사람들도 많습니다. 이 문제를 불교인은 어떻게 보아야 할까요?

그것은 참으로 불행한 일입니다. 벌써 강간을 당했다는 그 자체가 죄악의 씨지요. 그러니까 강간 당해서 생긴 생명이니 그 태아를 없애야 한다는 그런 논리가 성립될 수 있다는 말입니까?

그러니까 이를테면 강간 당했을 때 '본의 아니게 아이를 배었으니 없애야 한다.' 라는 주장을 하는 쪽이 있고, 다른 한쪽에서는 '그래도 생명이니 낳아야 한다.' 라고 주장하거든요. 그 두 주장 중에서 불교인은 어느 입장에 서야 하는 것인지요.

그거야 어떻게 하면 편한지 본인한테 물어 볼 이야기지요. 안 그래요?

사회에선 그것을 여론화시켜 법 제정 문제로까지 몰고 가고 있거든요. 로마교황청에서는 낙태 반대령이 내려졌고요. 한국 카톨릭도 '낙태는 반대다.' 라는 입장에서 신자들에게 낙태 금지를 의무화하고 있어요. 불교계에서도 생명존중의 입장에서 낙태 반대를 지금 이야기하고 있는데요. 2, 3개월 된 태아는 곧 생명체로 규정하자는 거죠.

2, 3개월 전에는 괜찮은 건가요?

임신이 확인되는 것은 2개월부터거든요. 그 전에는 자각을 못

한답니다.

　금방 붙은 생명도 그냥 놔두면 사는 건데 기간이 몇 달 되었다는 것을 기준으로 살리고 죽이고를 정해서는 안 된다고 봐요. 그런 판단을 옳다고 단정할 수는 없어요. 무엇보다 그 사람의 정신 상태가 중요한 거지, 그것을 꼭 못 박아서 무엇이 옳고 그르다 하기는 곤란한 문제지요.

그러면 인연 따라 해결해야 하나요?

　그것을 인연이라 하기에는……. 가령 그렇다고 해서 생명을 낳아 키우지 못하고 포기해 버리면 잘못하는 것이지요. 그러니까 그 사람에게 달려있다고 봅니다. 아량이 있어 설령 도둑놈한테 강간을 당했디 헤도 '내 이 생명을 한번 잘 키워 보자. 도둑놈이라 해서 다 도둑이 되는 건 아니니까.' 라고 마음먹으면 좋겠지만 그렇지 않고 평생의 부담이 되고 짐이 되면 인생을 헤쳐 나가는 데 그것도 문제 아니겠어요?
　금방 태로 나온 것도 생명이지만 기성의 한 생명이 어떻게 행복하게 사느냐도 중요합니다. 그 사람의 모든 것을 무시해 버리고 나올 생명만 중요시하면 우습지 않겠어요?

그러니 그것을 무엇이 옳다고 단정해서 말할 수는 없습니다.

이런 경우를 생각해 봐요. 아이를 죽이지 않으면 산모를 잃는 경우가 있단 말입니다. 그런 경우는 어떻게 할 것인가요? 결국 누구를 죽여야 하느냐의 문제잖아요?

그런 경우는 산모의 마음에 달렸다고 생각합니다.

산모가 혼몽천지로 모를 때에는 어떻게 해야 할까요?

보통 그럴 경우에는 산모를 살리지요.

그게 바르지요. 왜 그러냐 하면 아뢰야식의 희미한 경계는 완전한 인간이라고 볼 수 없거든요. 아직도 헤매는 신이니까 완전한 생명체를 살려야 하는 것이지요. 그런 것 보면 이 세상이 제대로 하고 있는 것입니다.

세상을 가장 열심히 사는 길

물질문명이 고도로 발달하여 모든 것이 풍족하다는 오늘날의 선진 사회에서도 인간 사이의 갈등이나 범죄 문제는 해결되지 못하고 있는 것이 현실입니다. 그런 것을 보면 물질만으로는 행복한 삶을 이룰 수 없는 듯합니다. 현대인들이 진정한 행복을 이루려면 어떻게 해야 할까요?

마음을 여의고 보면 아무것도 없습니다. 행복하다, 불행하다 하는 것도 마찬가지지요. 행복하다는 생각도 다 마음에서 일어나는 것이지, 육체에서 일어나는 것은 아니거든요. 그런데도 사람들은 마음에 대한 각성은 없이 그저 육체에만 매달려 그 욕망을 따라가며 충족시킴으로써 행복을 얻으려고 하니, 벌써 근본 생각부터 어긋나 버립니다.

사람의 욕망이란 끝이 없습니다. 아무리 육체를 중하게 여겨 그 욕망을 채워주고 보호해 준다 해도 욕망이란 만족되는 경우가 없습니다. 알고 보면 만족한다 안 한다는 생각도 마음이 하는 것이지 육신은 그저 끝없이 욕망을 일으킵니다.

하루 한 끼를 먹더라도 마음의 안정을 얻으면 그것이 행복인 줄 알아야 합니다. 정신에 결핍이 생기면 아무리 맛있는 음식을 배불리 먹는다 해도 마치 목마르다고 소금물 마시는 것과 같이 갈증만 더할 뿐 행복해질 수 없습니다. 욕락이란 것이 본래 정해진 한도가 있다면 그것을 다 채운 후면 모를까. 그런데 그 욕락이란 끝이 없거든요.

육신을 좇고 물질에 팔려서는 족함을 얻을 수 없습니다. 그런데 모두들 행복하자면서 물질에만 팔려있으니 근본 출발점부터 잘못된 것이지요.

그렇다고 물질을 부정하자는 것이 아닙니다. 물질과 정신을 병행해서 풍요롭게 할 때, 행복을 얻을 수 있는데 요사이에는 정신은 뒷전이고 감각적인 욕망에만 자꾸 사로잡혀 가다 보니 만족도 생기지 않고 행복은 멀어집니다. 그러니 이것이 다 병이지요. 무엇보다 정신이 풍요로워져야 합니다.

그러나 사람들은 이를 잘못 받아 들여 마치 불교가 물질을 배격하는 것이 아닌가 하고 의심을 품을 수 있습니다. 그래서 '불교에서 가르치는 대로 욕망도 다 버려 버리고 등한시한다면 어떻게 과학기술문명이 발달하고, 어떻게 사회가 발전할 수 있겠는가.'라는 문제 제기가 있습니다.

불교에 물질을 무시하는 말은 절대 없습니다. 그야말로 이 세상 모든 물건은 터럭 하나도 함부로 하지 않는 것이 불교입니다. 그것을 우리가 정확하게 보고, 정확하게 생활하는 것이 중요합니다. '불사문중佛事門中에는 불사일법不捨一法이라', 불교에서는 한 법도 버리지 않습니다.

물질을 발전시킨다는 것은 사실 물질만 발전한다고 하여 이루어지는 게 아닙니다. 정신도 함께 발전해야 하는 것이지, 정신의 발전 없이 물질이 홀로 발진할 수 있겠습니까? 현실을 모두 부시한다면 그 사람 정신은 병든 것입니다. 정신이 충실할 때 현실 하나하나에 대해 다 설명할 수 있는 것이고, 현실 하나하나를 중요시하는 정신이 온전한 것이지, 이 현실을 무시한다면 병든 것이지요.

현실 위에서 바로 보라는 가르침이 불교입니다. 참으로 근본에서는 마음과 물질이 둘이 아닌 하나로서, 마음이 물질이고 물질이 바로 마음입니다. 우리가 그 하나에 대한 안목이 열리지 않고 바깥으로 헤매고 자기 초점을 잃어 버리기 때문에 모든 문제가 다 걸립니다. 자기 초점만 하나 바로잡으면 모든 문제가 다 해결됩니다.

요즈음에는 사람들이 더욱 자기 초점을 잃어 버리고 순전히 바깥 경계에 일방적으로 빠져드니 이것이 문제지요. 그러니 물질 전체를 세밀하고 정확하게 파악하여 그에 흔들림이 없게 하자는 것입니다. '대경천차對境千差이나 심한일경心閑一境이라' 모든 천만상千萬相의 사물을 대하더라도 자기 중심을 잃지 않고 볼 때 착란이 없지, 자기 마음 중심이 흔들리면 모든 경계가 다 착란이 됩니다.

그래서 하나가 여럿이고[一卽多] 여럿이 하나[多卽一]라고 했습니다. 그렇기 때문에 이 세상 만물의 하나인 원리만 알면 다 되거든요. 요새 사람들이 신경쇠약에 걸리고 노이로제에 걸리는 것도 모두 그 하나를 모르기 때문입니다. 하나의 원리만 알면 아무리 복잡한 것도 복잡해하지 않는데 자꾸 복잡한 데를 따라 가니까 정신이 감내를 못합니다. 이치는 하나이므로 그 하나의 중심만 잃지 않으면 종일 떠들고 종일 일해도 절대 정신에 착란이 오지 않습니다.

선문에서 말하는 '종일 웃어도 웃은 바 없고 종일 얘기해도 얘기한 바 없다.'라는 소리도 다 같은 얘기지요. 그러니까 초점을 잃어 버리면, 이게 다르고 저게 다르고 사사건건이 다 다른 것 같지만 초점만 안 잃어 버리고 중심을 잡고 있으면 만사가 다 다르지 않게 되고 착란이 안 일어 납니다. 마치 부채의 사북과 같아서 사북이 흔들리면 부채 전체가 다 흔들리고, 사북이 딱 중심이 되어 견고하면 폈다 오므렸다 하기가 자유롭듯이, 마음에 초점을 갖고 모든 사건을 대하는 안목이 불교지, 현실을 따로 보는 것이 불교가 아닙니다.

어떠한 현실이라도 바른 눈으로 볼 때는 다 정리가 되고 이해가 되지, 대치가 되는 것은 하나도 없습니다. 이치가 다 그렇지 않겠어요? 그런 의미에서 모든 것이 마음 여의면 하나도 있을 수 없다는 것입니다. 마음을 없애 버리면 우주가 다 빈 껍데기 아닙니까? 바윗돌이 바깥에 있으니 내 마음 아닌 것 같지만 바윗돌도 다 내 마음입니다. 마음이 없으면 바윗돌의 좋은 점을 인식할 수 없지 않겠습니까?

이 마음은 한계가 없습니다. 빛깔이 있다든지 모양이 있다든지 냄새가 있다든지 하면 한계가 있는 것이지만, 마음은 그런 한계가 없으니 어떠한 것을 포용해도 조금도 구애받지 않습니다. 그러니까 어떤 복잡한 사건이라도 다 마음속에서 해결되는 것이지, 마음 따로 있고 현실 따로 있는 것은 아닙니다.

'욕심을 버리고 물질을 버려라.' 라고 얘기하다 보니 불교를 공부하고 수행하려면 세속을 떠나 산 속으로 들어 가서 해야 하고 바깥에서 일어 나는 경계를 무시해야 한다는 생각을 하게 됩니다.

따라서 그런 도를 닦는 것은 아무나 하는 것이 아니라 근기가 높은 사람만이 할 수 있다는 생각도 꽤 일반적인 것이지요. 그래서 한편으로는 '도를 닦는 것은 비인간적이다. 그러니 그렇게 인정 없이 사느니보다 욕심 갖고 인간적으로 사는 것이 낫지 않은가.' 라는 반론도 많이 제기됩니다.

두 가지로 이해할 수 있습니다. 세상 사람들이 현실을 따라 가며 살다가 내리는 결론이란 '욕심을 아무리 부려 봐야 언젠가는 환멸을 느끼게 된다.' 라는 것입니다. 그래서 세속에 달관하여 탐착하지 말라고 합니다. 그렇다고 그렇게 팔짱끼고 가만히 앉아 있는 소극적인 불교를 어디다 써먹겠습니까? 가령, 농사를 불교적으로 짓는다 하면, 다른 이보다 더 일찍 일어 나서 가꾸고 남보다 더 노력해서 수확을 많이 얻고자 하는 것이 불교이지, '먹으면 똥되는 그까짓 것 지으나 마나다.' 라는 태도는 불교가 아닙니다. 장사를 하는 데 있어서도 불교인일수록 더 알뜰히 합니다. 또 공학도라면 기계공학을 배우는 데 있어 남보다 더 부지런히 하여

기술이 뛰어 나야 하고, 글을 배워도 남보다 눈을 더 크게 뜨고 공부하는 등 무엇이든 오히려 남보다 더 잘 하는 게 불교이지, 그저 세상을 무시하고 자포자기하는 그런 것이 불교가 아닙니다.

그렇다고 불교가 자기 욕심만 채우는 종교는 절대 아닙니다. 자기 스스로 무한한 노력과 무한한 활동을 해서 남보다 몇 배의 수확을 거둔 것을 자기 혼자 쓰지 않고 모든 사람에게 베푸는 사상, 이것이 불교입니다.

왜냐 하면 불교에서는 자기 개인만이 아니라 전체 생명이 다 자기와 동등한 입장에 서 있기 때문입니다. 모든 생명들이 필요로 하는 물건을 더 많이 잘 만드는 것은 분명히 행복의 조건이 됩니다. 그러나 대부분 사람들은 그것에 너무 집착해서 결국에는 그저 자기 자신의 욕망을 좇기에 바빠집니다.

시야를 넓혀 모든 인류를 한꺼번에 행복하게 하는 것, 이런 관점을 끝까지 시키는 것이 불교이기에 오히려 다른 누구보다 더 물질을 소중히 대합니다. 전체 인류를 나와 같이 보고 내가 최대한으로 내 정력을 바쳐서 좋은 것을 생산하여 많은 사람이 이익되게 하려는 것이야말로 불교의 참 모습입니다.

따라서 세상을 허망한 것으로만 보고 게으름 피우는 것이 불교라고 본다면 불교를 곡해한 것이지요. 불교는 항상 영원한 생명을 바탕으로 살기 때문에 자연과 조화를 이루는 생산을 해야 합니다. 나태한 불교는 있을 수 없습니다.

  이 몸도 부모에게 받고 사회의 여러 가지 은총을 입어 생긴 것이지, 개인 소유가 아닙니다. 우주의 한 일원으로서 나 한 사람이지, 절대적 자기 개인 것은 없다고 봅니다. 따라서 진정한 불교인이라면 오히려 남보다 노력을 더 하고 물건은 더 아끼고 종이 한 장이라도 함부로 쓰지 않습니다.

  다시 말하지만 부처님께서는 '항상 게으르지 마라. 해태심 내지 마라.'라고 하셨습니다, '무상하니 자포자기하라.'라는 말은 경전 어디에도 없습니다.

  누구보다도 열심히 사는 사람이 불자라고 하셨는데, 열심히 한 결과 그 목표를 다 이루지 못하거나 혹 목표에 도달했다 해도 불의의 사고로 쌓아온 공을 다 잃는 경우도 많거든요. 그런 경우 열심히 한 만큼 더 좌절하는 것이 우리 중생들이라고 봅니다. 물론 큰스님께서 늘 말씀하셨듯이 우리가 하루하루 살아 가는 그 과정을 소중하게 여길 줄 알아야 하는데, 과정을 무시한 채 항상 목표를 달성하는 데만 집착하고 살아 가는 것이 중생들의 일상이니까요.

  하루를 살든지 열흘을 살든지 찰나찰나에 사는 태도가 중요합니다. 내가 한번 뜻을 세우고 좋은 사업만 해 왔다면, 혹 도중에 실패하더라도 그동안 노력한 만큼은 쌓여 있습니다. 반면에 내가 어떤 사업을 요행으로 어렵지 않게 성공했더라도 그동안의 내 노력이 정당하게 따라 가지 못했다면 결과가 아무리 훌륭해 보여도 그것은 진정한 의미의 성공이 못 됩니다.

자기가 충실히 산 그것에 가치가 있지, 혹 성공하면 금상첨화로 좋기는 하지만 그것에 기준을 두어서는 안 됩니다. 진정한 가치란 그 사람이 하루하루를 어떻게 귀중하게 살았는가에 달려 있습니다. 예를 들어, 우리가 어떤 물품을 만들었는데 그것이 불에 타 삽시간에 없어졌다 하더라도, 그것을 만드는 동안 하루하루를 충실하게 살아 오면서 자기 인생에 쌓아 올린 금자탑은 없어지지 않습니다. 그러니까 스스로 행한 노력 자체가 그대로 자신에게 남는 업이지, 노력한 결과물 자체가 내 업은 아닙니다. 모든 물질은 다 허무한 것이라, 애착하고 붙들고 매달릴 것은 못 된다는 그런 뜻이지요.

그런데 또 우리가 이 물질을 여의고 어떻게 살겠습니까? 이 몸도 물질인데 이를 무시할 수 없으니, 밥도 먹이고 몸도 닦아주고 아프면 약도 먹여주어 항상 몸의 노예 노릇을 안 할 수 없거든요. 몸이라는 것이 무너질 것임을 뻔히 알지만 속고 합니다. 하지만 이렇게 우리가 속으면서도 몸을 기르는 것이 살아 가는 동안에 어떠한 목표를 달성하기 위해서 하는 것이지, 몸을 기르기 위해 기르는 것은 아니거든요.

그렇듯이 사업을 할 때도 그 태도가 중요합니다. 사업하는 태도를 중요시할 때, 발전하는 과정에서도 그 사회가 평화롭습니다.

큰스님께서는, 자신이 노동하여 얻어진 결과로서의 물질은 후에 내가 쓰든지 남이 쓰든지 물에 떠내려 가든지 그것이 별로 중요한 문제가 아니고, 정말 중요하게 여겨야 될 것은 물질을 만들기까지의 과정이라 하셨습니다. 마찬가지로 수행이라는 것도 깨달음으로 가기 위해 하루하루 정진해 가는 과정이 정말로 소중하다 할 수 있겠는지요?

그렇지요. 가령 내가 남을 해치지 않고 게으름 안 피우고 열심히 정진한다면 거기서 벌써 내내 성과를 이룬 것입니다. 그렇게 열심히 정진하는 그 생각에 무슨 결함이 있을 수 있겠습니까? 이렇게 고뇌하고 노력하는 찰나찰나 도를 얻는 것이지, 꼭 다 얻어서만 얻는 것은 아니지요.

가령, 한 생각 선善을 일으키면 그 사람은 벌써 선한 사람이 되는 것입니다. 또 한 생각이 악한 생각을 일으켰다면 혹 행동으로 옮기지 않았더라도 그 사람은 악한 사람이 됩니다. 악한 생각을 낼 때 뭔가 잘못을 하게 되고 남에게 피해를 주게 되어, 그만큼 사회에 파장을 주거든요.

한 생각 한 생각 하는 그것이 도道지, 그것을 여의고 따로 뭘 묶어서 도가 있고, 다 이루어야 도가 아닙니다.

그런데 많은 사람들이 불교의 뜻을 잘 모르고 오해하여 잘못 신앙하는 부분이 있습니다. 예를 들어 인과因果 같은 경우가 그렇습니다. 흥부가 제비다리를 고쳐주고 복을 받았다 하니까 박에서 금괴가 쏟아지는 것을 복이라고 생각하거든요. 그런데 사실 아픈 제비다리를 고쳐주고 있는 과정, 그 순간이 그대로 평화롭고 행복한 것이라는 이치를 모르고 그 결과에만 마음을 쓰지요. 이런 오해 때문에 참선을 하면서도 깨달음이라는 복바가지가 떨어지는 것에만 매달려, 하나하나의 과정을 놓치게 되는 경우가 나오시 않는가 생각됩니다.

흥부가 제비의 다리를 고쳐주고 금은 보배 등 온갖 복을 받았다는 이야기는 사실 만든 말입니다. 사람들이 워낙 어리석으니까 과장하여 한 말이지, 만약 작은 선행 하나 하고 정말 금조각이 우르르 쏟아진다면 모두들 그런 요행수나 기다리게 될 테니 그것은 사람 버리게 하는 소리밖에 안 됩니다.

진리의 눈으로 보면, 어떠한 요행이 떨어지니까 선을 한다는 것은 말도 안 되는 것이지요. 사실 제비의 다친 다리를 보고 처량한 마음에 약 발라주고 처매어주는 그것에서 행복을 느끼면 결론이 다 나버린 것입니다. 얘기는 여기서 다 끝나 버린 것인데, 후에 '금은 보화 같은 것이 박에서 쏟아져 나왔다.'라고 과장해서 덧붙인 것은 바로 세상 사람들이 워낙 욕심 속에서 사니까 그 욕심을 위해서라도 나쁜 짓 하지 말고 착한 일 하라는 권선징악勸善懲惡의 표본으로 말한 것이지요. 그 자체의 기쁨은 모르고 작은 선을 행하면서도 '이렇게 하면 뭔가 좋은 결과가 오겠지.'라는 기대만 크면 자꾸 욕심만 키울 뿐 복이 될 수 없지요.

이렇게 조금 투자하고 크게 얻으려는 마음은 투자심리요, 도둑심리지, 도道와는 거리가 먼 것입니다. 도라는 것은 무아無我의 입장에서 끝까지 베풀고 또 그 속에서 행복을 느끼는 그 자체이지요. 내가 좋은 일 하면 내 마음이 편하고, 악한 일하면 내 마음이 벌써 괴롭잖습니까? 이것이 다 같은 이치입니다.

기복종교에 대해 비판적인 견해를 갖고 있는 저도 이상하게 법당 부처님 앞에 서게 되면 자신도 모르게 "제 아이 잘 되게 해 주세요." 이런 기도를 하게 됩니다. 그러면서도 '이것이 욕심인가? 이 정도는 부처님도 받아주실 욕심이 아닌가.'라는 갈등도 있습니다. 아마 많은 불자들이 그런 갈등 속에서 기도할 것 같습니다.

그것이 진리지요. '내 아들을 사랑하고 내 가정이 잘 되게 해주고 내가 잘살 게, 복되게 살게 해주세요.' 라는 것이 진리지 잘못된 것이 아닙니다.

'기복' 하면 무조건 그저 천시하지만 절대 그런 것은 아닙니다. 우리 인간이 복스러운 생각을 하는 바로 그것이 개개의 가정이나 개개인에게 모여서 한 국가가 발전하는 것입니다. 자기 집이 어지럽고 자기가 불안하면 정신이 없어집니다.

우리 아들 딸들이 잘 살아서 나한테 근심을 안 끼치고 내 가정이 모두 원만하게 되고 각각의 가정들이 모두 그렇게 되면 국가가 번성할 것 아니겠습니까? 가족이 모여 국가가 되고 개인이 모여 가족이 되니 개인이 선행적으로 잘 되게 해달라는 그것이 인지상정이고 진리지 잘못된 것이 아닙니다.

그러나 그런 기복에 그치고 그것을 목적으로 삼는 것이어서는 안 된다 그 말이지요. 더욱 차원을 높여 참다운 가족, 참다운 인생, 전 세계 전 국가가 한 가족이 되는 차원 높은 행복, 그런 행복한 삶을 살게 해달라고 기도하는 데 정신을 더 써야겠지요.

사회봉사가 불교적 깨달음에 차지하는 의미는 무엇입니까?

좋은 일 한다는 것은 보시의 전 단계지요. 불교의 근본은 선善을 행하고 그 선을 초월하는 데까지 들어 가는 것입니다. 그래서 '제악막작諸惡莫作이요.' 모든 악을 버리고, '중선봉행衆善奉行하라.' 착한 것을 받들어 행하라고 하는 것입니다.

착하게 하는 게 곧 불교지 따로 뭐가 없습니다. 그리고 더 깊이 가서 '꿈을 깨라', 착한 사다리를 타고 가되 결국 목적은 착한 데 그치는 게 아니고 꿈을 깨기까지 하는 것이죠.

좋은 일을 자꾸 하다 보면 깨달아지는 거지, 나쁜 일을 하면서 깨달을 수는 없습니다. 아편 맞든지 술을 마시든지 악하고 고약한 행위를 하면 피가 혼탁해져서 깨달아지지 않거든요. 좋은 일 할 때 피가 맑아지고 깨달음에 가까워지는 것이니 선善은 도에 들어가는 사다리라 할 수 있습니다.

불교의 사회적 실천을 말하면 늘 자비가 나옵니다. 자비말고 불교만의 특별한 실천법은 없는지요?

자비 속에는 없는 것이 없어요. 자비심으로 볼 때 불교가 살아 나는 것이고, 원결怨結과 중생심으로 살아 갈 때 불교가 없어지는 것입니다. 불교가 뭐 따로 한 덩어리 있는 게 아닙니다. 사랑과 도움을 주는 것은 다 자비의 다른 말이지요. 잘하는 것이 모두 자비인데 안 통하는 것이 어디 있겠어요? 자비나 박애나 동체대비나 말만 다르지 같은 말입니다.

모두 다 성불해야 끝나는 일

부처님의 가르침을 널리 전하고자 공부하는 사람에게 지침이 될 만한 말씀이 있으신지요.

사람은 다 다릅니다. 하늘에서 비가 골고루 평등하게 내리지만 그 빗물은 둥근 그릇, 세모 그릇 등 그 그릇대로 담아 가는 겁니다. 평등하게 비는 내리지만 그 비를 맞고 빨간 꽃을 피우는 놈도 있고 새파란 꽃을 피우는 놈도 있고 쓴맛을 가진 열매도 있고 모든 것이 천차만별입니다. 다 자기 근기대로 받아 가는 거지요. 누군가 가르쳐 주어서 만드는 것이 아닙니다. 모든 게 다 자기가 그렇게 만들어 가는 것이지요 우리가 아무리 좋은 법을 전하는 일을 한다고 하지만 모르는 사람에게 알리는 것이 쉽지는 않습니다. 때로는 도리어 비난을 듣기도 합니다.

참 어렵지요. 나쁜 것은 안 시키고 하지 마라고 해도 하고, 자기한테 이익되는 것은 하라고 해도 안 하거든요. 그러니까 부처님도 성불해 가지고 삼칠일인가 돌아 앉아 '어떻게 이 중생을 가르칠고?' 라고 연구했거든요. 부처님 같은 분도 그랬으니 우리한테는 더 어려운 일이지요.

좋은 얘기해 줘도 안 듣는 사람들이 많습니다. 그렇지만 해줘야 해요. 안 듣는 것이야 할 수 없지만 그저 할 수 있는 데까지 해줄 뿐이지요. 다만 열심히 잘 일러주면 그래도 언젠가는 그것이 씨앗이 되어서 도움이 될 때가 있겠지요. 급한 생각으로 금방은 안 됩니다.

이야기해 줘도 안 듣고 비난한다고 그것을 상대해서 화내고 따질 것이 아니라, 철없는 어린아이가 수염 잡고 귀도 잡고 매달리는 식이라 생각해야지, 화내고 돌아설 수는 없습니다. 일러줘서 조금이라도 나중에 참고가 되면 그것을 기다리고 씨를 뿌려 놓는 것이지요.

일러주는 것이 싫다고 도리어 욕을 한다고 해도 웃고 말뿐이지 그거 상대할 것은 없습니다. 우리가 포교하는 것이 어디 대가를 얻고 좋은 반응만 받으려고 하는 것이 아니거든요.

좋은 반응을 하든 반대로 역습을 해오든 내 마음 흔들리지 않는 자세로 포교하는 것이 필요합니다. 내가 말로 하니까 못 알아듣고 도리어 화를 내고 덤벼든다고 나도 한 주먹 쥐어 갈기면 내 마음 시원할 것 같지만 그런다고 되는 것이 아니거든요.

큰스님께서도 불교를 원하지 않는 사람을 교화한 사례가 있으신지요.

한번은 거지굴에 들어 가서 날마다 얻어먹고 사는 사람들과 같이 밥 먹어 가면서 교화한 적이 있지요. 크게 교화를 했다 할 수는 없었지만 그것도 해 보니 쉬운 게 아니더군요.

예전에는 가난했고, 또 전쟁도 있었고 하니까 거지 생활하는 사람이 많았어요. 그런 사람들이 살던 거지굴에 가서 한번은 밥을 빌었지요. 겉으로는 밥을 얻어먹자 했지만 속으로는 교화를 하려고 한 거지요. 그러니까 우리가 왜 이렇게 살아야 하느냐는 그런 얘기해 주기 위해서였어요.

6·25 전후였는데, 큰 도시에 가면 산밑에 방공호 파 놓은 데가 있고, 그런 곳에는 대개 거지들 수십 명이 밥을 얻어 가지고 둘

러 앉아서 먹곤 했지요. 그래서 '저 사람들, 사는 데 바쁘니 내가 불교 얘기를 좀 해야 되겠다.' 라는 생각이 들어서, 하루는 거기 가서 요령을 딸랑딸랑 흔들었어요. 그러자 모두들 밥 먹다가 일어서는 거라. 일어서서는 이 손님 대접을 어떻게 해야 할지 몰라 쩔쩔 매는 거였어요.

생각해 봐요. 도시에는 집이 많은데, 스님네가 동냥할 데가 없어서 거지굴에 와서 요령을 흔들겠느냔 말이지요. 그 사람들 중에는 어린 사람도 있고 나이 많은 사람도 있었는데, 요령을 흔드니까 걱정을 하는 거라. 자기들이 사는 굴속에 중이 이렇게 동냥하러 온 적은 한 번도 없었거든요. 아무것도 줄 게 없다고 걱정을 하기에 내가 그냥 밥 좀 얻어먹자고 하니까 이 누추한 밥을 어떻게 자시느냐고 당황해 했어요. 그래서 내가 "먹는 음식이 누추한 게 어디 있느냐, 나도 아침을 안 먹어서 배가 고프니 같이 좀 먹지."고 하면서 넌서 들어가 앉았지요. 그렇게 해서 그들이 먹는 밥을 먹고는 부처님 얘기를 했어요.

잘 살던 사람도 하루아침에 못 살게 되고, 건강하던 사람도 하루아침에 병이 들어 건강을 잃기도 하고, 전쟁이 나면 부모 형제 친지도 동서남북으로 뿔뿔이 다 흩어지고, 참으로 사는 게 허무하고 도대체 사는 게 뭔지 생각을 해 봤느냐고 했어요. 그러니까 하나 둘 울기 시작하더니 모두들 덩달아 우는 거라. 그렇게 한참 얘기하는데 다들 진지하게 듣더군요. 그 사람들은 생전 불교 얘기를 못 들었을텐데 아주 진지하게 들었어요.

그게 일종의 포교지요. 그 사람들이 뭔가 생각할 거 아니겠어요? 그래서 '아, 그것 참 그렇겠다. 도대체 나란 무엇일까? 왜 살까? 어떻게 살아야 진실하게 사는 것일까?'를 진지하게 생각하도록 자꾸 힌트를 주는 것이 필요합니다. 그러면 사람들도 '왜 이 몸을 받아서 이렇게 살아야 되는가?' 하는데 관심을 갖게 되고, 인생의 근본 문제를 생각하게 됩니다. 그렇게 사람들의 생각을 움직이게 만드는 게 포교지요.

결국에 마음 공부란 자기가 하는 거지, 옆에서 해주는 게 아니잖아요? 그러니 같이 호흡할 수 있는 분위기를 만들어주는 것이 중요합니다. 그래야 통합니다. 고자세로 해서는 이야기가 안 되지요. 그러니까 그 사람들과 비슷한 곳에서 같이 밥 얻어먹고 친절하게 하면서 얘기에 공감하도록 하는 그것이 포교라는 말이지요.

다른 사람들은 자기들을 귀찮아하는데 나는 그런 기색없이 오히려 소굴로 찾아 와서 가만히 요령을 흔들고 서 있고 또 밥도 같이 먹으니, 그 사람들이 볼 때 나도 거지라 생각하지 않았겠어요? 그리고 나서 함께 동냥을 다녔어요. 함께 다니다 보니 사람들이 자기들한테는 상을 찡그리고 싫어하면서 주는데, 나한테는 공손히 갖다 주거든요. 가만히 보니 자기들끼리 다니는 것보다는 나하고 같이 다니면 더 좋다 이 말입니다.

그래서 동냥을 같이 다녔는데, 어느 날 하루는 그런 그들 앞에 내가 또 요령을 흔들었어요. 그러니까 그날 자기들이 동냥했던 것을 다 주면서 기분 좋아하며 얼굴에 희색이 가득하더라구요. 자기 것 주고도 좋아하는 것이지요. 얻는 것만이 좋은 게 아니라 자기가 줄 수 있다는 것에 큰 기쁨이 있다는 것을 안 것입니다. 그래 내가 일을 다 마치고 그들의 등을 톡톡 두드리면서, "자네들이 나보다 먼저 성불할 걸세."라고 했지요.

그러니 우리는 물질 세계가 아니라 정신 세계를 이야기해야 해요. 내가 비록 거지한테서 돈은 얻었지만 그 거지는 나한테 얻어 간 게 더 많은 것입니다. 평생 갖지 못했던 정신 세계를 얻어 간 것이니까요.

내가 그들에게 다가 간 것은 인간적인 마음의 등불을 켜 주기 위해서였습니다. 하루를 살더라도 사는 게 뭔지 알고 사는 게 중요하다는 것을 깨우쳐 주고자 했지요. 거지한테 돈 갖다 주는 게 중요한 게 아니고, 왜 사느냐, 뭣 때문에 사느냐면서 자기 인생을 반성할 수 있도록 이끌어 줄 때 더 크게 얻는 게 있다는 말입니다. 그런 것이 다 교화지요.

불법을 공부하며 포교도 하고 사회적 실천을 한다고는 하지만 뭔가 체계가 잡히지 않으면 보통 사람들에게 잘 받아 들여지지 않는다는 생각입니다. 출가한 스님들처럼 강원엘 가든가 하여 특별한 교육과정을 거칠 수도 없기 때문에 체계적으로 공부하려면 어떻게 해야 할지 지도해 주시면 합니다.

말하자면 체계를 세울 수도 있지만 사실은 공부에 무슨 단계며 체계란 없는 것입니다. 다만 포교를 하려면 남을 감동시키는 것이 중요할 뿐, 모든 진리가 말해 보면 다 그 소리가 그 소리지 뭐 단계마다 다른 것은 아니거든요.

법당에 나오고 강원에 다녀야 교육받는 것은 아닙니다. 잠깐 앉아 이야기해도 서로 말이 통하면 그것이 몇 십 년 강원에서 살면서 온갖 과정을 공부한 것보다 나은 것이지요. 이 과정 저 과정 몇 십 년 공부해도 소견이 안 열리면 답답한 것이지 꼭 무슨 과정이 필요한 것은 아닙니다. 그러니 그렇게 안 한다고 공부가 안 된다는 생각을 해서는 안 됩니다.

그래도 체계적이면 더욱 많은 사람들이 알기 쉽지 않을까요?

이 공부는 어떤 틀이 있고 어떤 간판이 필요하고 무슨 계단이 있는 것이 아닙니다. 부처님이 그러셨지요. 본래 부처라, 다 성불해 있다고. 그러니 나고 죽고 그게 다 어젯밤 꿈 같은 소리니 그런 소리하지 마라 하셨지요. 참말 알고 보면 다 본래 부처인데 어디 가서 누구한테 배우고 보태고 뺴낼 것이 없어요. 그 하나를 바로 보면 우주 전체를 바로 보는 것이고 하나를 바로 보지 못하면 우주 전체가 다 삐딱해지는 것이지요.

그러니 이 법이란 것이 어디 따로 있는 것이 아니오, 강원에 가서 배우고 해야 되는 것이 아닙니다. 강원에 가서 배우고 한다는 사람들이 오히려 좀 부족한 사람이지요.

옛날에도 유마 거사니 부설 거사니 윤필 거사 같은 분들은 처자권속 데리고 아들 딸 낳고 사회에 살면서도 스님네 이상으로 달관해 살았어요. 옛날에만 그런 것이 아닙니다. 우리가 모르고 세상에 안 알려져서 그렇지 지금도 얼마든지 그런 사람들이 있어요. 그야말로 이 사회에 파묻혀 사는 불보살이 많이 있습니다.

불보살이 따로 없고 보살행이 따로 없거든요. 어떠한 행동을 해도 오히려 그까짓 상 안 나투고 거리낌없이 살고 모든 사람에게 피해 안 주고 도움을 줄 수 있는 생활을 하면 그것이 보살행이지 보살이 따로 있는 것이 아닙니다.

요새 뭐 보살행한다고 돈을 몇 억 원 내놓는 사람이나 빚을 써 가면서 자선사업하는 그런 것은 보살행이 아니라 오히려 자기 자랑밖에 안 됩니다. 가진 것 하나 없고 이름 없어도 참으로 진실히 중생을 위해 살 수 있는 사람이라면 그가 보살이고 그런 생활이 도道지요.

세상이 인정하고 천하 사람이 인정하면 뭐 할 것인가요? 천하 사람이 "아따, 훌륭하다."라고 칭찬한다고 그 사람한테 터럭 끝 하나 보태주는 것이 아닙니다. 아무리 많은 사람이 칭찬하고 아무리 귀한 사람이 인정한다고 해도 그 사람 인생에 보태지는 것은 하나 없어요.

사람들마다 자기 안목대로 보는 것이라 그것이 무슨 한 푼어치 가치가 있겠는가 말입니다. 오히려 욕 얻어먹고 사는 사람이 참으로 보살행을 더 잘 하고 있는 경우가 많아요. 욕을 얻어 먹어도 사실은 뜻이 있는 사람이 있지요.

다시 말하지만 불법이란 것이 따로 특별히 있는 것이 아닙니다. 그래 불법이라 그러면 불법이 아니라 했습니다. 모든 중생이 고통에서 벗어 나고 안심하고 살 수 있는 방향으로 하면 그것이 불법이지, 불법이 따로 있어 저 팔만대장경에 보태지는 것도 아닙니다.

자기 인생도 쾌활하고 옆의 사람도 도움을 줄 수 있는 그것이 대자대비 아닙니까? 그러니까 어느 시대에 어떻게 나든지 자기가 헤매지 않고 살면서 모든 중생들을 돕고 산다면 어떨까요? 그것이 보살행이지, 다른 것이 있는가 아무리 찾아도 다른 것이 없어요. 그런 것에 이름을 붙여서 부처님 법을 잘 따랐다, 남을 위하고 잘 살았다고 말할 뿐입니다. 모든 사람에게 도움이 되는 바른 일을 하면 그것이 불법입니다.

산에 가 범을 잡기는 쉬워도 남을 대해 말하기는 어렵다고 하는데 부처님 법을 널리 알리는 일을 하는 것은 세상의 그 어떤 것보다 더 도움이 되지요. 너무 형식에 끌리지 말고 그렇게 열심히 공부하는 것이 중요합니다.

'중생무변서원도' 라 불자의 제1서원은 한량없는 중생을 다 구제하겠다는 것이지만 지금 이 지구상에 사는 사람들은 이렇게 불심을 갖고 있기보다는 다 이기심과 욕심으로 가득 차 있습니다. 그런데 무슨 수로 한량없는 중생을 구제하고, 더구나 불교인 알기를 무당이나 사탄처럼 아는 그런 사람들을 무슨 수로 구제합니까?

욕심이 너무 많은 질문이군요. 다 구제하면 좋은데 그게 전부 자업자득이라 쉽지 않습니다. 그러니까 우리에게 일거리가 많죠. 어떻게 해서든 한없는 지옥 세계를 구제하려는 원력을 가지고 우리가 공부하는 것입니다. 그것밖에 또 무슨 할 일이 있나요. 결국은 모두 다 성불해야 이 일이 끝나요.

이 일에는 단 한 사람이라도 중요합니다. 한 사람을 제도해 마치는 것이 큰일이고 자신을 제도하는 것이 전 세계를 제도하는 그런 이치가 있어요. 반딧불 같은 우리의 좁은 소견으로 옳고 그른 것을 판정한다는 그 자체가 위험한 일입니다.

'모든 중생이 끝이 없으니까 구제해도 안 될 바에야 아예 포기한다. 저렇게 많은데 어떻게 다 구제하겠느냐.' 라는 소리로 들리는데, 참말로 자기 중생 세계만 구제하면 모든 지옥이 다 없어지는 것입니다. 그런 도리가 있지요. 이게 부사의不思義의 도리입니다. 그러니 그걸 생각으로 타산해 가지고 결론을 지으면 안됩니다.

문제 하나를 풀면 우주 전체가 풀리고, 먼지 하나의 존재만 확실히 알면 우주 전체를 다 알아 버려요. 그런 묘한 이치가 있습니다. 하나 해결하면 우주 전체가 해결되는데 그거 다 하려고 하면 머리가 새도록 해도 되지도 않지요.

우선 자기 인생, 어째서 내가 그런 한없는 세계를 바라 보고 사느냐 하는 자기 핵심부터 깨쳐야 합니다. 그러면 모든 문제가 다 해결이 됩니다. 그러니 참 묘한 법이지요. 그걸 이렇다 저렇다 말하는 자체가 안 맞아요. 일체 망상 집어던지고 마음 공부하는 데 탁 집중하면 거기에서 문제가 다 해결됩니다.

불교가 성해도 믿지 않으면 소용없네

신라시대에는 불교가 번창했습니다. 그런데 통일 과정에서는 당과 힘을 합해서 자기 동족을 죽였습니다. 불교가 번창했어도 전쟁을 일으킨 사실로 보아 지금 우리나라에 불교가 번창한다한들 중생을 괴롭히는 그런 일이 또 생기지 않는다는 보장이 어디 있습니까? 그리고 불교가 번창한다고 무슨 좋은 일이 있을까요?

그것이 불교의 위대한 점입니다. 불교에서는 어떤 일이든 기적이나 능력 있는 조물주가 만들거나 휘둘러서 일어난 게 아니라, 전부가 인간 스스로 만든 것이라고 가르칩니다.

태양이 항상 지구를 비추지만 삿갓 쓰고 독 속에 들어가 있으면 태양 빛이 있는지 없는지 모릅니다. 아무리 불교가 신라시대에 성했어도 불교를 모르는 사람은 불교를 모르는 세계에 들어가 있는 겁니다. 부처님이 출현한 인도에서 왜 불교가 없어졌느냐? 불교의 진리 그 자체는 영원히 성하고 쇠함이 없어요. 다만 인간이 불교를 받들 때 불교가 성하고 불교를 배척할 때 불교가 망하는 것입니다. 좋은 법을 받들면 우리가 불교적인 행복한 생활을 하지만, 아무리 좋은 법이라도 등지고 안 받들면 다른 생활을 하는 거죠.

불교는 어느 누구에게나 평등하게 다가 가기 때문에 부처님 마음대로 불국토를 만들지 않아요. 모두가 다 자기가 만드는 겁니다. 아무리 부처님의 자비가 있다 해도 그 자비를 외면하면 모르고, 태양은 항상 비추지만 독 속에 들어가 있으면 태양 빛이 있는지 알 수 없습니다. 지금도 그렇습니다. 시대가 아무리 어렵더라도 모든 사람이 불교를 받들면 나라가 평안하고 잘 되고 행복하지만 반대로 사도邪道가 많으면 나라가 어지러워지는 것입니다.

그러나 불교를 믿는 그 사람의 세계는 무너지지 않습니다. 한 사람의 불교 세계를 천하 모든 사람이 무너뜨릴 수 없어요. 바로 자기가 우주 만유를 창출해 낸 핵심이고 부처이기 때문에 그렇습니다. 누구도 대신해 줄 수 없다는 것을 알았기 때문입니다. 반면에 어떤 시대에 아무리 불교가 성했다 해도 불교를 안 믿는 그 사람에게는 상관없는 것입니다.

농사를 지어도 한 해 짓고 두 해 지으면 농사가 더 잘 되지 않습니까? 자꾸 늘 테니까요. 밥하는 사람도 한 해 두 해 세 해 하면 더 늘고요. 그러면 부처님 이후 원효 대사 이후에 세월이 갈수록 성인이 더 많이 나와야 하는데 거꾸로 성인은 옛날 신라시대에 있고 고려시대에 있고 밑으로 내려올수록 오히려 더 큰 인물이 안 난다고 보입니다. 이유가 무엇인지요?

부처님 법 안 지켜서 그렇지요. 부처님 법은 언제나 똑같습니다. 천고에 변함이 없는 것이 불교입니다. 어느 시대에 이르러 변하면 불교가 아닙니다. 작년 불교 다르고 올해 불교 다른 것이 아닙니다. 석가모니 부처님 법 다르고 미륵 부처님 법 다른 것이 아닙니다. 꿈 깨면 똑같은 것입니다. 어제는 계행을 지켜야 했는데 오늘 안 지켜도 저절로 공부가 되는 것이 아닙니다. 오욕락에 도취되면 공부가 안 되니까 하지 마라는 것이지 무슨 심술로 하지 마라는 것이 아닙니다. 부처님 세대가 다르고 지금 세대가 다르지 않습니다. 시간과 공간을 엄밀히 초월한 것이 불법인데 언제든지 오욕락에 도취되면 도를 이루기 힘든 것입니다. 부처님 법은 오욕락을 저버려야 하기 때문이지요.

법에 옛날 법 오늘 법이 따로 있는 것이 아닙니다. 정신을 못 차려서 그런 것이지 어느 때는 성불하고 어느 때는 성불 못 하는 때가 어디 있겠습니까? 성냥 그으면 불이 일어 나지 불이 일어 나지 않는 경우가 어디 있습니까? 부처님만큼 노력하면 언제든지 성불할 수 있습니다. 시간이 어디 잘 되는 시간 못 되는 시간이 따로 있겠습니까? 그것을 타파하는 것이 불교입니다.

불교가 위대한 점이 바로 이 점입니다. 다른 것은 구역을 정해 놓고 여기는 되고 저기는 안되고 그런 것이 있지만 불법은 모든 것을 초월합니다. 선악善惡 시비是非 장단長短을 다 초월하고 시공을 초월하는 거기에 무슨 따지는 것이 있겠습니까? 아무 때라도 '이 뭣고' 딱 찾으면 일체 망상이 다 녹아 버리고 거기에 깊게 들어 가면 꿈 깨는 것은 마찬가지입니다. 이 법이 천고에 변함이 없는데 어디 가면 되고 어디 가면 안 되는 것이 있겠습니까?

세상 법은 처처에 걸리지만 불법은 걸리는 것이 하나도 없습니다. 어제까지 도적이라도 오늘 마음 고치면 그 사람 부처됩니다. 어제 나쁜 짓 했으니 이미 때가 지나 안 된다는 법이 없습니다. 어제까지 소 목을 끊던 백정도 어떤 귀한 인연 만나서 한마디에 깨치면 칼 집어던지고 그 자리에서 성불합니다. 궤도를 밟아 오르는 것이 아니라 한 생각 돌이키면 그 자리가 평등한 부처지요.

한 예를 들어 서로 부아가 나서 가슴이 타고 열을 받아 가지고 울긋불긋하다가도 불법을 만나 '이 뭣고' 하면 불꽃에 물 끼얹듯 금방 사라져 버릴 수 있으니, 금방금방 그 언사가 없어지는 것이 참 묘한 일입니다. 그래 불교는 알면 대번에 성취됩니다. 천 년 된 굴이나 금방 캔 굴이나 불을 켜면 동시에 밝아지듯 다 같습니다. 천 년 굴이라 해서 쉽게 밝아지지 않는 것이 아닙니다. 언제나 한 생각 돌이키면 부처를 이룰 수 있습니다.

이 나라에 불법이 들어 올 때 뭐 절 단청하고 사람 많이 끌어 모은 것이 아닙니다. 묵호자니 아도화상 이런 이들도 맨주먹 쥐고 들어 왔습니다. 그 정신이 퍼져서 모두 불법이 일어난 것이지요. 지금 전부 단청이 요란해지고 사람이 많이 모인다고 거기에 불법이 있는 것이 아닙니다. 천막을 치고 논두렁 밑에 앉아도 불법이 있어야 합니다. 불법은 그런 것이지 법당 단청했다고 거기에 불법이 있는 것은 아닙니다. 그런 것은 불타면 금방 없어지는 것인데 거기에 불법이 있겠습니까? 불법은 불타지 않고 무너지지 않는 것입니다. 이 점을 깨닫고 누구든지 부처님의 순수한 불법을 펴는 운동을 해야 합니다.

부처님 가르침이 이런 현 시대에 어떤 해답이 되고 빛이 될 수 있을 지 말씀해 주셨으면 합니다.

모든 현대 문화가 첨단으로 발달되어서 편리하고 인류 역사상 가장 발달된 시대라고 말하는데 참말로 인류가 행복하게 사는 그런 비율로 보아서는 도로 뒷걸음질치고 있는 면이 있습니다. 그렇다고 해서 현대 문화를 부정하는 것이 아닙니다. 현대 문화를 따라갈 수 있도록 균형을 맞추어야 한다는 것입니다.

참말로 사는 일을 만족하게 하는 그것을 병행해야 하는데 물질 경제의 편리함에만 치우치다 보니 오히려 정신 문제는 등한시해 왔습니다. 그러다 보니 인간이 자꾸 갈등을 일으킵니다. 사람이라는 것은 항상 원만하지 못하고 기울어지게 됩니다. 편리에 취해 자기 인생을 심각하게 반성하는 그런 지혜가 모자란다고 할까요.

부처님의 가르침은 다른 것이 아닙니다. 그 정신 세계를 개척하는 것이지요. 부처님의 사상을 찾아 내는 운동을 하면 된다고 봅니다. 현대 불교가 그것을 감당할 수 있느냐고 문제 제기를 하는데 현대 불교가 따로 있는 것이 아닙니다. 가고 오고 앉고 서고 생활 속에서 우리가 평등한 이치로 살아 갈 수 있는 것이 다 불교입니다. 누구든 어느 단체든 부처님 사상을 올바르게 펼 수 있는 일을 하면 됩니다. 그렇게 하다가 조그마한 불교가 된다 하더라도 그 단체는 뭔가 배울 것이 있는 도량이라는 소리를 들으면 성공입니다.

부처님 법은 체험과 생활입니다. 생활을 하나하나 자기 것으로 고쳐 가면서, 중생 세계에서 부처 세계로 걸어 갈 수 있는 그런 씨앗을 심어야 합니다. 그렇게 할 때 이 세상이 빛을 찾을 것입니다.

우리 생활이 모두 원만하고 남을 가르칠 자격이 있어서 가르치는 것은 아닙니다. 그런 방향으로 같이 노력하고 같이 개척해 나가자 그 말입니다.

훌륭한 인물이 되어서 '나는 깨치고 남을 지도하는 위치에 있고, 너희들은 나보다 못하니까 내 말 들어라.'라는 것이 아닙니다. 우리가 다 똑같은 위치에서 허물 투성이고 모자라는 사람들이지만 다같이 개혁해 나가는 인생을 걸어 가자는 말입니다. 그렇게 우리가 모일 때 하나하나 세상을 밝혀 가는 기운이 생기지 않겠습니까? 그래만 주면 만족합니다.

우리나라의 모든 문화의 바탕은 불교였지요. 그러나 요즘은 서양 문화가 많은 영향을 끼치면서 그 빛이 바랬습니다. 어떻게 하면 예전처럼 우리 불교를 융성하게 하고, 생활 문화로서 정착시킬 수 있을까요?

그러니까 문화가 불교적으로 되는 것이 문제가 아니라 인간이 어떻게 행복하게 살 수 있겠느냐 하는 물음이지요? 서양에서 들어온 물질 문화가 팽배해져 여러 가지 병폐를 안고 있으니, 신라시대나 고려시대처럼 우리나라에 불교 문화가 빛을 발해야 한다는 바람이겠지요.

그러나 무슨 문화든지 이름 붙여지는 그것은 상관이 없습니다. 그러니까 문화가 불교적인 바탕으로 이루어지는 게 중요한 것이 아니라 인간이 어떻게 행복할 수 있겠느냐 하는 점이 중요합니다. 다시 말한다면 꼭 불교 문화가 필요하고 다른 문화는 필요치 않은 게 아니라 어떤 문화든지 그것으로 인간이 행복하게 살 수 있다면 그것이 중요한 일입니다. 불교는 인간이 행복하게 사는 길을 제시했을 뿐입니다.

불교라는 두 글자를 모르더라도 인간이 복되게 살면 불교지, 꼭 무슨 형식이 있어 불교적으로 살 까닭이 없는 것입니다. 복되게 살게 하는 가르침이 불교입니다. 현명하게 사는 사람들은 '이렇게 행동을 하면 어떤 결과가 온다, 그런 결과가 오면 어떻게 된다.'라고 지혜로써 비춰 보고 생활을 합니다. 아무리 하고 싶어도 해서 안 될 일은 하지 않는 것이지요. 향락에 취해서 해서는 안 될 일을 하게 되면 금방 불행해집니다. 지혜롭게 살라고 하는 것이 부처님의 가르침입니다.

옛날이나 지금이나 진리의 이치는 마찬가지입니다. 옛날에도 불은 모든 것을 태우고, 물은 흘러 가고, 바람은 틈새로 지나 갔습니다. 고려시대라고 불교가 있고 요즘은 없는 게 아닙니다.

모든 이치를 바로 찾아 살 때 행복해지는 것이고, 그 진리에 어굿나게 살 때 어지러워집니다. 그러니까 불교가 성하고 쇠하는 게 문제가 아닙니다. 인류가 정신차리고 바로 살면 행복해지고, 근시안적으로 눈앞의 욕락에 빠져 살면 어지러워지는 것이지 종교를 별스럽게 말할 필요는 없는 것입니다.

부처님의 가르침이 참으로 위대한 것인데 애석하게도 현실적으로 드러나 있는 불교는 국민들에게 실망을 줄 때가 많습니다. 그런 상황에서 어떻게 해야 많은 불자들에게 희망을 주겠는지요.

지금 시대가 워낙 암둔하고 혼탁해 있으면서도 또 한편으로는 날카롭게 영리한 면이 있습니다. 그야말로 바로 어제가 옛날같이 변했지요. 그전에는 종단 내에 갈등이 생기면 신심이 풀어지고 신도가 무척 줄고 그랬지만 이미 그런 시대는 지났다고 봅니다. 그리고 무엇보다 불교라는 것이 어느 테두리 안에 있는 것이 아니며, 또 이제는 세상 사람들이 옛날보다 밝아졌거든요.

불교는 승단이고 뭐고 경계가 없는 법입니다. 누구나 바른 일을 하는 사람이 불자입니다. 아무리 불자다 승려다 법사다 하는 이름을 쓰고 있더라도 바른 일을 하지 않으면 그것이 불교에 배치된다는 것은 이제 상식적으로 알아 가고 있습니다. 승단이 부패했다 해도 승단 자체가 부패한 것이지 절대 우리 불교가 부패

한 것은 아닙니다.

그러니까 요즈음은 사람들이 모두 열려서 설혹 승려들이 싸운다고 해도 자기 불심이 떨어지지는 않습니다. 지금 승단은 어떤 면에서는 뒷걸음질도 하고 오히려 잘못하는 일도 있지만 우리 국민이 전부 불교에 눈을 뜨는 것은 시시각각 발전하고 있습니다. 그렇기 때문에 불교 전체를 걱정할 것은 없습니다. 혹 종단에 잘못이 있다 해도 우리 각자가 참다운 부처님의 횃불을 들고 일어서면 됩니다.

특정한 기관이나 단체의 영향력과 활동력에 따라 훌륭한 불교 문화를 이루는 그런 시대는 지나 갔습니다. 모두 다 각성해서 불교가 무엇인지 지식 수준이 높아갈수록 불교를 알고 있기 때문에 종단이 썩으면 썩었지 불교는 절대 후퇴하지 않고 발전하고 있으니 그런 것은 크게 염려할 게 못 됩니다. 물론 금상첨화로 불교 지도자들이 모두 잘하면 좋겠지요. 타는 불에 물을 끼얹는 것과 같이 그런 현상이 없지는 않지만 과히 염려할 문제는 아니라고 봅니다.

발우 하나 가사 한 벌, 우리 재산은 그것이야

스님께서는 한국 불교의 가장 시급한 문제가 뭐라 보십니까?

정신 차리는 거지요.
불교의 근본이 뭐냐 하면 첫째가 자비입니다. 육바라밀, 팔정도 등 부처님이 여러 가지 말씀을 하셨지만 하나같이 전부 중생을 위하라는 것입니다. 자기 욕심 차리고 돈 많이 벌고 명예감투 쓰고 자기 위치 확보하라는 말씀은 경전 어디에도 없습니다. 그런데 내 절 네 절 따지고, 내 문제가 아니면 관심도 안 갖고, 서로 모여 재산 분배하고 세력 분배하고, 그것도 안 되면 힘을 이용하여 싸우기도 하고 그러니 어디 그런 불교가 있을 수 있냔 말입니다. 그런 불교가 어떻게 인류를 구제하겠어요.

이 나라에 불법이 들어 올 때 재물과 패거리를 끌어 들여 자리 싸움하러 온 것이 아닙니다. 아도화상 순도화상이 혼자 와서 하루아침에 불교를 편 것이지요. 어디까지나 정신적으로 편 것이지 물질적으로 편 것이 아닙니다.

눈에 보이지 않는 무수한 정신 세계를 이 세상에 베풀라는 것이지 돈 벌어서 물질로 베풀라는 그런 것은 부처님 법에 없어요. 불교가 부처님의 가르침을 잊고 있으면 불교가 아닙니다.

우리 부처님께서는 본시 무소유입니다. 무소유란 아무것도 내 것이 없다는 말입니다. 부처님은 산에 가실 때도 맨 손으로 갔고 6년 고행해서 나올 때도 맨손으로 나왔습니다. 그렇잖아요? 뭐 금광을 캐서 한 짐 해 가지고 온 것이 아니거든요.

맨손으로 가고 맨손으로 나왔다는 말은 결국 무소유를 말합니다. 아무것도 가진 것이 없음으로 해서 그렇게 일체 중생을 다 구제했습니다. 거기에 불교의 골자가 다 나타나는 것입니다.

구체적으로 말한다면 부처님은 성도를 하시고 세상에 나오셔서 걸식을 했거든요. 세상 사람들은 재산이라든가 이런 것을 자손들에게 전승시키지만 부처님께서 우리 제자들에게 전승시켜 온 것은 물질이 아닙니다. 그럼 무엇을 전승시켜 일체 중생을 구제하고 수 천 년 불법이 여일하게 내려 왔느냐? 그것은 불문가지 不問可知, 묻지 않아도 누구나 다 아는 것입니다. 바로 정신 세계입니다.

스님네들을 걸사乞士라 그럽니다. '얻어 먹을 걸乞' 자, '선비 사士' 자. '선비 사' 자는 일체 중생을 지도하는 스승이라는 말입니다. 자기 장사 안 하고 농사 안 하고 기업체 안 가지고 남의 것 얻어 먹는 그것이 걸사거든요. 부처님은 칠가식七家食이라, 일곱 집을 돌며 얻어 자셨는데 때가 서로 어긋나면 밥을 굶었어요. 부처님 사상이 무엇인지 거기에 다 드러 났단 말입니다. 한마디로 무소유입니다.

그때 부처님께 녹야원이니 기원정사니 해 가지고 신도님네가 재산을 한없이 바치기도 했지요. 그러나 그것도 부처님이 달라고 해서 바친 것이 아닙니다. 부처님 제자가 천이백오십 인이라, 상주대중이 많으니까 물질적으로 그런 것이 필요하잖아요? 그러니 신도들이 만들어 바친 것이지 부처님이 어디 가서 수단 부려 가지고 돈 내놔라 그렇게 한 것은 한 푼도 없단 말입니다. 그것이 불교 역사입니다.

그럼 우리 불자도 부처님의 그 전통을 이어 가야 하지 않겠느냐 이 말이지요. 이 나라에 들어 올 때에도 아도화상이니 순도화상이니 그분들이 뭐 가지고 온 것은 없어요. 그렇잖아요? 모례장자 집에 머슴살이 하다시피 했다 말입니다. 그래 가지고도 그 시대에 모든 사람을 교화하고 사방 절을 일으켰거든요. 첫번에 모례장자가 정신적으로 감화가 되어 도리사를 짓고 또 직지사도 짓고 또 신라의 많은 불사를 일으키고 그래 가지고 정신적으로 자꾸 불교를 편 것이지요.

출세간 법은 세간 법과 근본적으로 다른 것이 있어요. 부처님이 우리한테 전한 것은 걸사라. 바로 발우 하나 가사 한 벌, 우리 재산은 그것입니다.

사찰은 본시 과거의 조사 스님네의 정신으로 모아진 것이요, 이 나라 국민들의 사찰이지 승려의 소유물이 아닙니다. 승려는 그 승려의 신분으로 사찰에 살되 무소유로 평생을 살다가 중생을 교화하고 무소유로 떠나는 것입니다. 그런 것을 사찰에 들어 가는데 돈 받는다는 것도 근본적으로 잘못된 것입니다.

그것은 본시 국가와 민족의 사찰입니다. 국가 재정인데 어떻게 남의 재정을 맡아 가지고 이 나라 국민들이 그곳에 들어 오는데 돈을 받는가 말이지요. 모순도 보통 모순이 아닙니다.

사찰은 어떤 곳인가? 사찰은 부처님 품안입니다. 중생들이 사는 것이 고단하면 어린아이가 엄마 품안을 찾듯이 부처님 품안에 가서 평소의 그 고달픈 것을 하소연하고 내 인생을 가다듬고 바로 살아갈 용기를 얻으러 가는 곳이 사찰이거든요. 그런 사찰인데, 문 앞에서부터 돈을 내고 들어 간다 하면 '불교도 역시 돈이 근본이구나.' 라는 것이 잠재 의식에 심어지게 될 게 아니요? 부처님 법은 그런 것이 없는 도량인데 돈이 앞선다 하면 벌써 정신을 흐리는 것이지요. 본시 순수한 부처님 품안에 찾아 오는데 그 물질이 뭐 필요하냔 말입니다. 그러니 우리 정신이 얼마나 병들었냔 말이지요.

　불교는 전부 방하착放下着이라, 다 쉬어 버리고 내어주는 것이 불교요, 내 몸을 포기해서 민중을 살리는 그 방향이 불교인데 거꾸로 됐어요. 그래서야 어떻게 사회를 구하겠어요? 그러니 정신 차리고 참다운 불교가 어떻다는 걸 세상에 알려야 합니다.

처음도 끝도, 목적도 수단도 부처님 가르침으로*

큰스님 건강은 어떻습니까? 조계종단 사태로 심려가 많으실 텐데 건강을 잃지나 않으셨는지요?

비단 요즘뿐 아니라 어려움이야 항상 있지요. 그러니 사바 세계라 하지 않겠습니까? 좋은 일만 있고 뜻대로 되는 일만 있다면 사바 세계라 할 것이 무엇 있겠습니까? 다 공부하라고 그런 것이니 어려울수록 더욱 더 정진을 해야겠지요.

---

*1994년 종정 사퇴를 앞두고 그 간의 종단 사태와 종단 개혁에 대한 큰스님의 근본 입장을 밝히신 대담임.

그런데 큰스님, 세상에 떠도는 온갖 이야기에 대해 몇 가지 궁금한 것을 여쭈어도 괜찮겠는지요? 실례가 될 것 같아 여쭙기가 죄송합니다만…….

무엇이든지 알고 싶은 것이 있으면 이야기해 보시지요.

그럼 먼저 전 총무원장인 서의현 스님에 대해서 말씀인데요. 그분의 진실상이 어떤지와는 관계없이 스님들, 불교 신자들, 일반 국민들 모두가 그분에 대해서 좋지 않게 생각하는 것 같아요. 그런데 큰스님께선 그런 의현 스님을 두둔했던 것이 아닌가 사람들이 오해하는 것 같습니다.

그 사람이야 당연히 물러나야 할 사람이었지요. 나 역시 그 사람이 물러나서는 안 된다는 것이 아니었습니다. 다만 그 물러나는 방법에 대해 문제 제기를 했을 뿐이지요. 어쨌든 그 사람은 조계종단을 대표해서 8년간 종무를 맡아 왔고 다른 종교계나 외국에 우리 종단을 대표해서 활동해 온 사람이 아닙니까?

그런데 그를 쫓아 내버리거나 체탈도첩한다는 것은 종단의 위상을 스스로 낮추고 위신을 추락시키는 것이 됩니다. 그동안 종단을 대표했던 사람이 종단에서 쫓겨 나야 할 만큼 나쁜 사람이라면 종단의 위신이 무엇이 되며, 그동안 가만히 있었던 종도들은 또 무엇이 되겠습니까?

　우리 불교를 생각하고 종단의 내일을 생각해서 문제 제기를 한 것이지, 누구를 두둔할 생각은 없습니다. 불교 개혁을 내세우면서 힘으로 밀어붙여 쫓아 내어서는 안 된다고 생각하거든요. 개혁을 하자고 하면서 나쁘다고 비난하는 사람들과 똑같은 방법인 힘과 폭력으로 대응한다면 개혁의 내용이 무엇이든지 신뢰를 얻기 어렵지요. 더구나 우리가 하자는 불교 개혁이란 부처님 법으로 돌아 가서 부처님 법의 정신으로 모든 문제를 해결하자는 것이 아니겠습니까?

　그동안 종단 문제가 얼마나 비불교적으로 진행되었는지는 많은 사람들이 알고 있습니다. 그런데 지금 또 그렇게 한다면 의도하든 안 하든 그것은 개혁이 아니라 되풀이되는 종권 다툼이요, 이권 다툼이요, 문중 싸움에 불과한 것이 되기 쉽습니다. 내 뜻에 맞지 않는다고 세력을 규합하여 다중의 힘으로 폭력적으로 문제를 해결하라는 말씀은 부처님의 가르침인 팔만대장경 경율론 삼장 어디에도 한 구절도 없습니다. 잘못한 사람도 포용하고 감싸 주어서 서로 화합하고 사랑하라는 말은 있었지만…….

　불법에 없는 방법으로 불법을 바로 세우는 개혁이 제대로 이루어질 수는 없습니다. 그것은 모래로 밥을 짓겠다는 것과 같으니까요. 부처님 법에 본래 옳고 그른 것이 없다고 하셨습니다. 따라서 누구를 두둔하거나 누구를 배척하는 것은 다 불법이 아니지요.

나는 단지 불교인은 불법에 따라 생각하고 행동해야 한다는 것을 말했을 뿐이지요. 그러니까 내가 문제 제기하고 반대한 것은 어떤 사람이나 단체가 아니라 비불교적인 것 일반에 대해서라고 할 수 있겠지요.

그러나 만약 상대가 힘이 세어서 잘못을 계속 행하고 있으면 어떻게 해야 할까요? 그냥 보고만 있어야 하는지요?

물론 가만히 앉아 보고만 있으면 안 되지요. 당연히 바로잡아야 합니다. 그러나 상대가 폭력을 쓴다고 같이 폭력을 쓰면 세상일로서는 정당 방위라고 해서 정당성을 얻을 수 있을지 모르지만 부처님 법에서는 어긋난다는 뜻이지요.

어디까지나 평화적으로 대화로 풀어 나가야 합니다. 상대가 힘으로 한다고 나도 힘으로 하고 상대가 폭력을 쓴다고 나도 폭력을 쓰고 상대가 세력으로 밀어붙인다고 나도 세력을 규합해 밀어붙인다면 상대방과 무엇이 다르겠는지요. 하나의 세력 싸움밖에 안되게 되어 있습니다. 그렇게 되면 옳고 그름을 떠나 이기면 영

웅이 되고 지면 역적이 됩니다. 그리고 우리 인류 역사를 살펴 보아도 평화니, 정의니 하면서 전쟁을 하고 불의를 행한 사람들이 얼마나 많습니까? 목적만 옳으면 수단방법은 어떻게 되어도 좋다는 식은 불교인의 자세는 아닙니다. 목적이 옳을 뿐만 아니라 그 수단과 방법도 반드시 여법히, 그야말로 부처님 가르침에 합당해야 참불자라고 하겠지요.

수행은 곧 삶입니다. 삶이란 곧 살아 가는 과정이지요. 그 과정이 올바라야 부처님의 가르침을 따라 살아 가는 수행자라 할 수 있습니다.

그런데 일부 사람들은 큰스님 하신 말씀에 모순이 있다고 합니다. 젊은 스님들에게는 개혁을 지지한다고 하셔놓고는, 개혁하자는 사람들이 진행하는 승려대회를 하지 마라고 하셨다면서요.

젊은 사람들이 개혁하겠다고 하는 거야 나도 대찬성입니다. 종단이 지난 40여 년 동안 문중 싸움, 종권 다툼 등 끝없는 분규로 사회에 물의를 빚고 지탄을 받아 온 것은 주지의 사실이고 나도 그런 종단을 개혁해야 한다고 생각해요.

부처님의 바른 법이 이 시대에 와서 이렇게 된 것에 대해서는 모든 승려, 불자들에게 책임이 있습니다. 그래서 3년 전에 종단 개혁을 위한 개혁위원회를 만들었고 내가 그 개혁위원장까지 맡았지요. 그 개혁위원회는 몇 차례의 회의를 통하고 원로, 중진, 소장 승려들의 의견을 듣고, 교수 등 전문가들의 조언을 받아서 개혁안을 만들었습니다. 수 차례 총무원에 그 개혁안을 제시를 했습니다. 그러나 안타깝게도 한 번도 받아 들여지지 않았지요.

그렇게 큰스님 뜻이 아무리 좋아도 총무원에서 받아 들이지 않으니 개혁을 할 수가 없지 않았는지요. 젊은 사람들이 힘으로라도 밀어서 개혁하자는 것은 그런 이유 아니겠는지요?

아무리 그렇다 해도 힘으로 밀어서 하는 것은 옳지 않습니다. 우리가 하자는 개혁이란 부처님 법 따라 가자는 것이거든요. 부처님 법에 힘으로 밀어붙이라는 말씀이 없는데 어떻게 부처님 법 아닌 것으로 부처님 법을 개혁할 수 있겠습니까? 그런 방법은 분규만 더욱 조장하고 결국 문중 파벌의 이해 관계로 전락하여, 세상 사람들로부터 빈축만 사고, 불교인들을 크게 실망시키는 결과를 낳기 쉽습니다.

개혁은 부처님 정신으로 해야 합니다. 평화적으로 불법에 맞게 대중의 중의를 모아서 하나 하나 해야지요. 시간이 걸리더라도 비난을 받더라도, 불법에 맞게 해야 합니다. 그래야 부작용이 없습니다.

큰스님께서 잡은 개혁안은 어떤 것이었습니까?

한마디로 말할 수야 있나요. 내가 잡은 것이라기보다 개혁위원회에서 중의를 모아 잡은 것이지만 그 대강을 말한다면, 첫째 총무원장은 종회의원을 겸임해서는 안 된다는 것이고, 둘째 재정관리는 종단의 총관리제도로 바꾸어야 한다는 것입니다. 왜냐 하면 절마다 수입 차이가 많으니 싸움의 씨앗이 되고 또 삼보정재가 잘못 쓰여지는 경우가 많거든요. 그래서 총관리제로 해서 도제 양성과 역경 사업과 포교 사업에 효율적으로 쓰자는 것이지요. 셋째는 법계고시를 실시해서 무너진 승단의 위계 질서를 바로잡고 포살, 자자 등을 살려 계법을 밝히려고 한 것이지요.

이런 좋은 계획안을 총무원은 왜 받아 들여 실시하지 않았을까요?

그러게 말입니다. 그들 나름대로 어려움이야 있었겠지만 그러나 바른 법대로 하지 않다 보니 결국 이런 혼란이 또 초래된 것이 아니겠습니까? 하지만 나는 언제나 개혁에는 대찬동입니다.

그런데 승려대회를 하지 마라고 하신 까닭은 무엇인가요?

아까도 말했지만 다중의 힘을 모아 세력으로 밀어붙이려고 해서는 안 되기 때문입니다. 그것은 폭력입니다. 꼭 총을 들고 싸우고 각목을 휘두르는 것만이 아니라 다중의 힘을 모아 세력으로 밀어붙이는 것 등 어떤 물리적 힘을 행사하는 것은 다 폭력이지요. 그리고 분노에서 나오는 힘은 폭력이 되기 쉽기 때문에 먼저 진심瞋心을 다스려야 합니다. 더구나 돌아 보면 옛날에도 몇 번의 승려대회가 있었지만 결국 전체 승가의 뜻을 모으기보다는 일방의 의견을 관철하기 위한 수단으로 이용되어 화합이 아니라 더욱 분열과 다툼만 초래했다는 점도 생각해야 하고요.

몇 년 전 해인사에서 승려대회가 있었을 때, 그때는 큰스님께서도 참석하시지 않았습니까?

물론 참석했습니다. 그때는 개혁을 하자고 승려대회를 했고 그 결과 개혁위원회가 만들어진 셈이고 중의를 모아 개혁안을 만들고 종단에 개혁을 요구했던 것이지요. 그러나 총무원 앞에서 데모를 하고 총무원을 점거하고 종권을 찬탈하려고 한 것은 아니었지요. 지금도 여법하게 승려대회를 해서 대중의 뜻을 전달하는 것은 좋은 일이라 생각합니다. 어떤 식이든 폭력을 행사하게 되면 조급해지기 때문입니다. 자기 생각대로 빨리 안 되면 자연히 화가 나고 주먹이 앞서게 되기 쉽습니다. 몇 십 년 동안 쌓인 잘못을 어떻게 일순간에 깨끗이 해결할 수 있겠습니까? 물론 한꺼번에 해결할 수 있으면 좋지요. 그러나 아무리 좋은 일도 욕심이 될 때는 결국 잘못 되기가 십상입니다. 여러 사람이 중지를 모아 하나하나 순서에 맞게 해 나가면 안 될 것 같지만 잘 되는 것을 알아야 합니다.

그런데 지난 4월 9일 TV방송으로 승려대회를 하지 마라는 내용이 담긴 기자회견을 하실 때 그것은 스님 생각이 아니고 누가 써준 것을 읽으신 것 같다는 말이 있습니다. 그래서 큰스님께서 의현 스님께 약점 잡힌 것이 아닌가, 혹시 큰스님이 협박을 받고 하시는 것이 아닌가 하고 의심을 하는 사람들도 있어요.

다 우스운 이야기지요. 이 노장이 이 나이에 누구 협박받고 두려워서 시키는 대로 할 사람이겠습니까? 내가 판단하기에는 이 시기에 하는 그 승려대회가 결국 종단을 화합시키기보다는 분열시키고 혼란을 가져올 것 같아서 내린 결정이지요. 또 발목이 잡힐 것이 무엇이 있겠습니까?

그러나 다만 내가 부덕한 소치로 종단이 혼란스러워진 것이라는 책임을 느낄 뿐이지요. 내가 우스운 말씀 하나 드릴까요? 언젠가 누가 나에게 의현 스님에게서 외제 자동차와 돈을 받았다고 하는데 사실이냐고 묻더군요. 그래서 내가 그랬지요. "아 그래. 자동차는 내가 받아서 발우에 담아 두었다. 한번 보여 줄까?"라고 말입니다. 어떻게 그런 넋빠진 소리를 하는지 안타까워요. 버스도 많고 기차도 많고 타고 갈 것이 그렇게 많은데 내가 그런 자동차를 어디에다 쓰겠어요.

이런저런 말들에 일일이 해명을 하느라고 애쓸 것 없지요. 본디 세상이 그렇고 시대가 그런 것이니까요.

한편에서는 큰스님께서 내린 교시가 일관성이 없다는 지적도 있는데요. 3월 29일 3선 하지 말라는 내용의 교시와 4월 9일 승려대회를 하지 마라는 기자회견을 두고 하는 말 같아요.

글쎄요. 하기야 보는 데 따라서 그럴 수도 있겠지요. 그러나 내 생각은 분명합니다. 부처님 법으로 일관되어 있지요.

서울에서 난투극이 벌어졌다는 소식을 듣고 3월 29일 총무원장 선거는 원로 중진이 뜻을 모아 8월에 가서 여법하게 하라고 했지요. 그런데 의현 스님이 3월 30일 그냥 밀어붙여 3선을 강행한 것이었지요. 그래서 결국 종단의 질서를 문란하게 하고 화합을 깨뜨리고 말았습니다.

또 범종추에서 4월 10일 조계사에서 승려대회를 한다고 하기에 화합을 시키려고 4월 9일 원로 중진 연석회의를 가지려고 했지요. 그런데 집회를 소집한 한 원로스님이 참석치 않아 무산되었지요. 그래서 그냥 두면 종단의 화합이 깨질 것 같아서 10일의 승려대회를 만류한 것인데 승려대회를 강행해 버렸던 것이지요.

그런데 그 4월 10일의 승려대회에서 '원로회의에서 종정을 불신임했다.'라고 한 것은 어찌된 일인지요?

종단의 종정 자리는 누가 불신임하는 자리가 아닙니다. 누가 힘으로 무너뜨리는 것이 아니라 스스로 판단하여 물러 나는 것이지요. 일부 사람들이 자기 뜻에 맞지 않는다고 밀어 낼 수 있는 자리가 종정이라면 누가 종정이 되든지 종정의 위상은 크게 실추될 뿐이지요. 또 일부 승려가 모인 승려대회도 종정을 불신임할 수 있는 그런 모임이 될 수는 없지요.

더구나 내가 아는 원로들은 아무도 10일 오전에 원로회의를 해서 종정을 불신임한 적이 없다고 하니 참으로 모를 일이지요.

큰스님 그러면 종정을 불신임했다는 것은 잘못된 것이네요.

만약 원로들이 모여 종정을 불신임했다면 그것은 종정을 인정하지 않겠다는 것이니, 나를 종단 밖으로 내친 것이라고 봐야지요. 그러나 내친다고 해도 걱정이야 없습니다. 본래 부처님도 집 짓고 살지 않고 길가 나무 밑에서 주무셨거든요. 나도 이제 길가 나무 밑에서 살 수밖에 없고 어쩌면 그것으로 내 생애 마지막에 이제야 제대로 부처님 법 따라 사는 거겠지요.

그러나 이제 더 이상 힘으로 여론으로 밀어붙이면 무엇이든지 될 수 있다는 생각은 고치도록 해야 합니다. 불법이 아닌 것으로 행하는 이런 행동들은 그쳐야지요. 그래서 부처님 법대로가 아니면 천하 만법이 반대해도 요지부동해야 합니다. 사실 종정이든 아니든 내 뜻이야 어디 가겠습니까? 마음을 힘으로 어떻게 할 수 있는 것이 아니니까요. 다만 잘못된 것을 바로 세우는 데 종정으로서의 역할을 다해 보려 할 뿐이었지요.

큰스님 어쨌든 이번 종단 사태에 대해서 누군가 책임을 져야 하지 않을까요?

그렇지요. 이 큰 사태에 누군가 책임을 져야지요. 그리고 그것은 마땅히 내가 져야 할 책임이고요, 모든 것이 내가 부덕한 소치 니까요. 지금이라도 내가 책임을 지고 물러 나는 것이 종단이 부처님 법대로 잘 되는 길이라면 언제든지 스스로 물러 나야지요. 그래서 종도들과 세인들 앞에 참회를 해야지요. 그것이 종정으로서 해야 할 마지막 남은 책임이라고 봅니다.

어떻게 해서든지 이제 종단은 더 이상의 혼란은 없어야 합니다. 그리고 개혁은 꼭 이루어져야 합니다. 또다시 문중, 파벌, 돈, 명예 등으로 분쟁이 일어 난다면 불조 혜명을 이어받은 우리들이 선대의 선지식과 후손들에게 씻을 수 없는 큰 죄업을 짓는 것입니다.

그러니 모두 새롭게 발심하여 분연히 일어나 뜻을 세우고 불법의 정도를 확립하고 잘 지켜 나아 가야 합니다. 불법은 싸우고 투쟁하는 가르침이 아닙니다. 모든 것을 화합하고 포용하는 자비의 가르침입니다. 또 내가 옳으니 네가 옳으니 시비하는 가르침이 아닙니다. 양보하고 참회하는 가르침입니다.

큰스님을 뵙고 말씀을 들으니 세상을 거슬러 산다는 것이 얼마나 어려운 일인가 하는 것을 좀 알 수 있을 것 같습니다.

불법은 본래 세상을 거스르는 역류법이라 합니다. 그래서 수행

최효로 보는 큰스님 말씀 慈悲無敵 (자비무적)

정진해야만 세상을 거슬러 살아 갈 수 있지요. 또 그렇게 세상을 거슬러 가는 것으로 수행을 삼아야 하기도 하고요.

큰스님 뜻을 이제야 알겠습니다. 그런데 큰스님께서는 지금 개혁을 한다는 사람들을 인정하지 않으실 작정이신지요? 그들 중에도 좋은 사람들이 많고 좋은 개혁안을 내놓겠다는데요.

불법은 물리적인 힘을 이용한 혁명이 아니라 정신 혁명입니다. 그야말로 적을 죽이지 않고 포용하여 살리는 참으로 진정한 혁명이지요. 그런 불법을 잘 모르는 것 같아요. 그러나 출발이 설령 잘못되었더라도 지금이라도 잘못된 줄 알고 불법으로 돌아 온다면, 그래서 부처님 법에 맞게 개혁한다면 나는 당연히 지지합니다.

내가 반대하는 것은 어떤 사람이나 집단을 향한 것이 아니라 부처님 가르침에서 벗어남에 대한 것일 뿐이지 다른 뜻이 없습니다. 만약 지금이라도 비법에서 정법으로 돌아 온다면 참으로 훌륭한 일이지요.

큰스님 잘 알겠습니다. 바쁘고 힘드신 가운데 긴 시간을 저희들을 위해 가르침을 주셔서 감사합니다. 앞으로 더욱 더 열심히 정진하여 큰스님 뜻에 어긋 나지 않도록 하겠습니다.